1

金馬地區在逐漸撤軍之後，經濟日益蕭條。「小三通」的啓航，為金門人民帶來新的經濟契機。為了慶祝「小三通」的啓航，金門各界隆重舉辦慶祝活動。圖為二〇〇一年一月一日福建省主席顏忠誠敲響通航鑼。
（倪國炎記者提供）

金門「小三通」於二〇〇一年一月二日首航，金門縣縣長陳水在率團登陸廈門破冰。（倪國炎記者提供）

兩岸「小三通」首航臺馬輪於二○○一年一月二日順利抵達福建馬尾港。搭乘這艘輪船的「馬祖天后宮兩岸首航平安進香團」完成兩岸首次直航的歷史紀錄。圖為率團的連江縣縣長劉立群在馬尾港下船。（中央社提供）

金門縣商業總會訪問團前進廈門交流。（倪國炎記者提供）

「小三通」旅客搭乘海運客輪入境檢查辦理情形。（張火木提供）

馬祖福澳港「小三通」旅客下船情形。（張火木提供）

金門航空站。（張火木提供）

金門機場航站大樓行李領取臺。（張火木提供）

「小三通」旅客下船進入廈門港和平碼頭。（張火木提供）

福州馬尾至馬祖「小三通」通關旅客。（張火木提供）

馬祖福澳港「小三通」旅客通關檢查。（張火木提供）

銀行設立兌幣處讓兩岸人民能夠方便兌換貨幣。（倪國炎記者提供）

金門天后宮媽祖藉由「小三通」回娘家。（倪國炎記者提供）

一應俱全的大陸貨充斥著金門市場。（中央社提供）

廈門大嶝對臺小額商品交易市場販賣金門三寶特產。（倪國炎記者提供）

小三通—兩岸貨輪互通
協調會
立法委員：曹原彰、吳成典國會辦公室主辦

政府部門，
推諉卸責!!
小三通問題
金馬地区
層出
未蒙其利，

「小三通」到底通不通?各方人馬召開各種會議，希望能夠針對「小三通」的議題取得良好的解決方法，也呼籲有關單位重視金門人民實際的需要。
(張火木提供)

金馬立委為了能促進金馬地區的發展，經常團結在一起。圖為金馬地區二位立委聯袂拜會大陸海協會。（吳成典立委提供）

前行政院院長游錫堃實地勘察「小三通」設施。（吳成典立委提供）

監察委員李伸一（右）、趙榮耀（左），二〇〇四年八月二十三日從金門搭船到大陸，展開五天福建台商考察行程，這是監察委員首度「小三通」登陸。（中央社提供）

監察院調查委員為了調查「小三通」啓航，親赴金門實地勘察，並舉辦座談會。（中央社提供）

紅十字會為兩岸提供人道關懷的橋樑。（路透社提供）

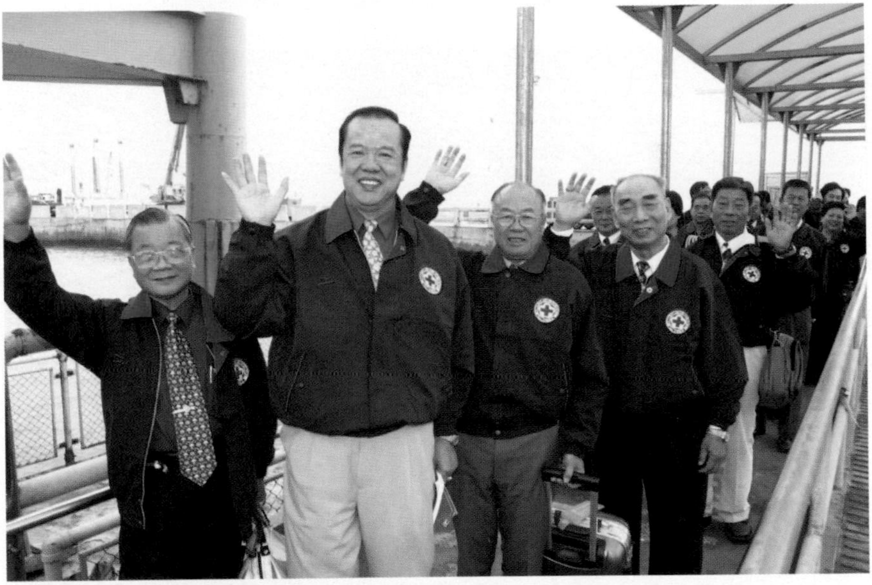

金門紅十字會「小三通」登陸訪問。（中央社提供）

金門縣紅十字會訪問團二○○四年十一月八日由會長王水彰（左二）率領，經「小三通」前往中國福建省展開五天訪問，並為在廈門市設立聯絡站掛牌。

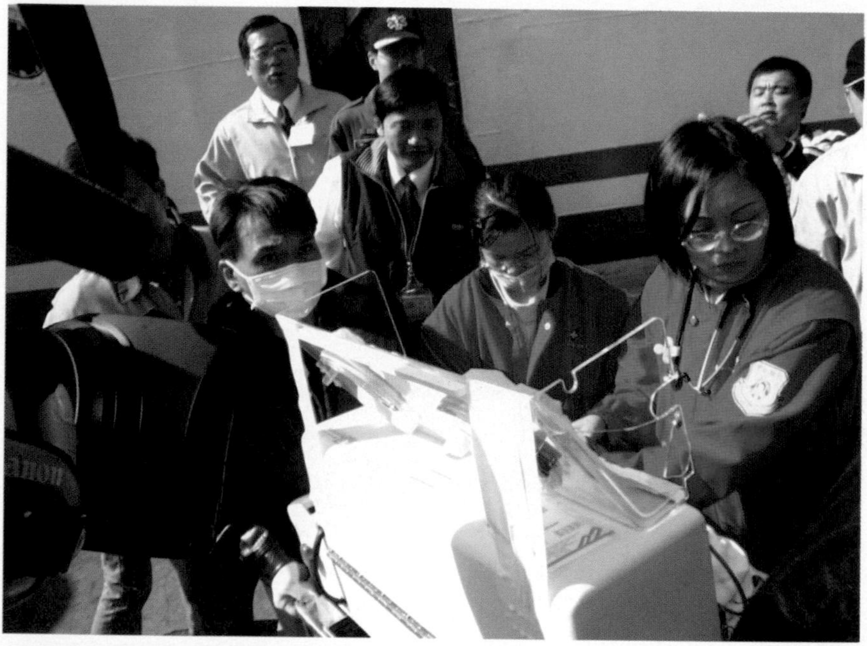

早產兒小安安回台就醫，讓兩岸救援機制跨出歷史性的第一步。圖為小安安經金門中轉，回到臺灣療養。（倪國炎記者提供）

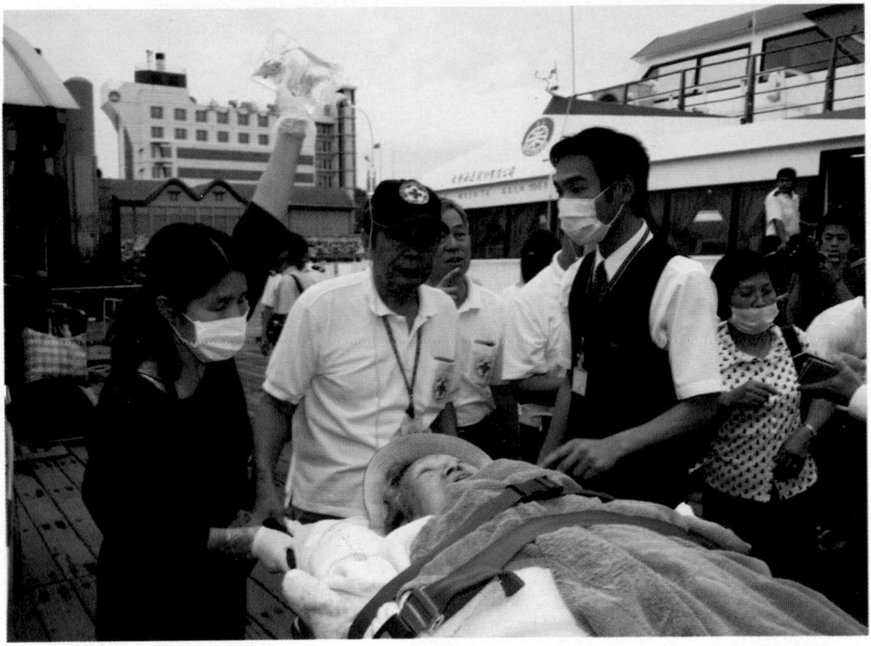

台胞發生意外，透過「小三通」送回金門，顯示兩岸「小三通」救援機制有必要性。（倪國炎記者提供）

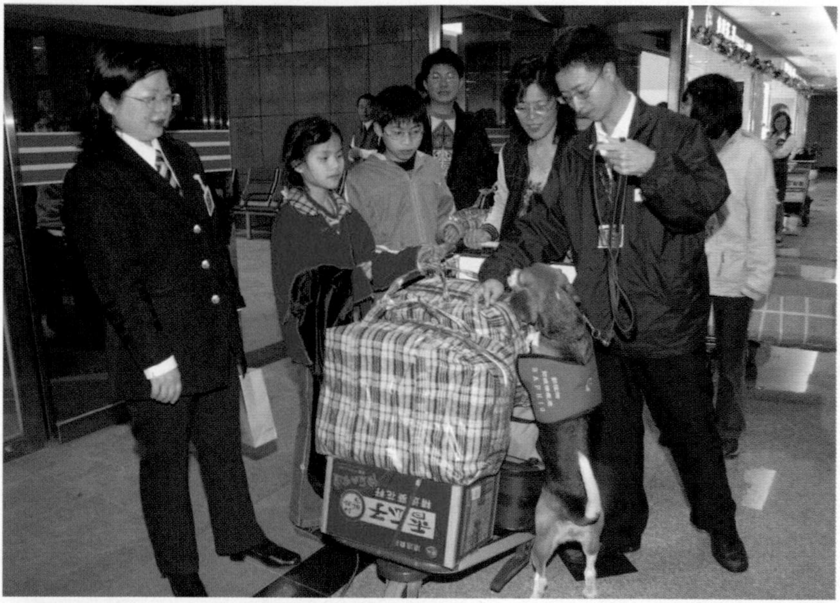

二○○五年五月中國傳出口蹄疫疫情，為加以防範，金門水頭碼頭設有檢疫犬，大陸水果或肉品等不得攜帶入境。（倪國炎記者提供）

二○○六年九月十五日金門萬安二十九號演習，模擬「小三通」客船遭人破壞發生船難的應變作為，金門海巡隊、金門港務處等船艇到場噴水滅火及救人，場面逼真。（倪國炎記者提供）

福建省調查處偵破台灣毒梟快遞三萬兩千粒毒品「一粒眠」到金門，企圖走私到廈門。（倪國炎記者提供）

立法院院會二〇〇七年十二月二十一日三讀通過「離島建設條例」修正案，開放離島地區可設置免稅購物商店。圖為設在金門「小三通」水頭碼頭的免稅店。（倪國炎記者提供）

◀▲ 金門地區閩南式的建築為其特色。（達志／倪國炎記者提供）

▲長久以來，風獅爺守護著金門，是金門的象徵。金門地區也處處可見風獅爺的雕像。
（達志提供）

作者至監察院訪問調查委員與協查人員，右起調查委員林鉅鋃、林將財、李友吉、作者張火木。（監察院提供）

作者至監察院訪問監察委員與協查人員。右起調查委員李伸一、趙榮耀、作者張火木、協查人員許盟顯、李俊儒。（張火木提供）

先行的腳聲
小三通 新絲路
張火木◎著

目錄

先行的蹄聲——小三通 新絲路

監察院每年調查的案件約有六、七百件，案件內容或為陳訴人洗刷冤屈，或在還給當事人權益與清白，或屬通案性且社會所關注的重要議題。每個案件，除了有著複雜而艱辛的調查過程外，這些經由調查所揭開因不當行政而權益受損的平民百姓故事，往往也十分辛酸感人。

不過，受限於正式公文書的製作體例，審查通過的調查報告，大多是精簡扼要或平鋪直敘，除了調查委員、當事人清楚箇中原委，外人多無從得知，更無法體會其中的曲折。於是有監察委員建議：將可以對外公開的調查案件，透過作家生動的筆法，編寫成書，一方面得以留下民間見證，一方面也可讓社會大眾瞭解監察院如何行使職權，監察院與一般民眾之間有何關係，讓民眾因為瞭解進而更加支持監察院。這個監察院史無前例的建議案，獲得了一致的贊成。

要把這些調查、陳情案件的來龍去脈，寫成不落官方窠臼的出版物，殊屬不易。為了吸引更多讀者閱讀，因此決定以報導文學的方式撰寫，以真實的內容和生動的手法，來表達真相。但在經費有限與合作對象難尋之下，無法將全部案例一次出版完畢，於是逐年分冊陸續出版，以供各界參考。

監察院守護臺灣・守護人權系列叢書的出版，是監察院與民眾溝通的重要橋樑。我們期望這套叢書成為本院關懷臺灣、保障人權典範的系列叢書。一方面，我們希望讓社會各界瞭解：監察院全體同仁，是如何秉持嚴正態度，戮力於人權的保障；另一方面，也希望藉由這些生動故事，讓社會所有人都能從中學習到一些寶貴的經驗，不再犯同樣的錯誤，喚起社會各界更積極地捍衛正義與人權，讓我國的人權保障更臻完善，並為歷史留下完整珍貴的紀錄。

「小三通」迭經糾正改善法制乃臻完備日趨成熟

調查委員 林鉅銀 李友吉 林將財 趙昌平 廖健男

金門、馬祖及澎湖等離島地區，因受到地理環境資源貧瘠、基礎設施不足及人口稀少等因素的影響，發展程度明顯落後於臺灣本島，為促進離島地區的發展，立法院於二〇〇〇年三月二十一日三讀通過「離島建設條例」，據以推動離島的開發建設，該條例第十八條規定：「在臺灣本島與大陸地區全面通航之前，得先試辦金門、馬祖、澎湖地區與大陸地區通航，不受臺灣地區與大陸地區人民關係條例等法令限制，其實施辦法，由行政院定之。」行政院乃據以擬定兩岸「小三通」推動方案及執行計畫，以及通過「試辦金門馬祖與大陸地區通航實施辦法」後，於二〇〇一年一月一日正式實施「小三通」。

監察院為瞭解行政院執行金門、馬祖與大陸地區的「通航」相關規劃及辦理情形，於二〇〇一年八月間由內政及少數民族等五委員會實地前往金門聯合巡察，發現當地民眾的認知與政策及法令規定有落差；且中央各機關派駐金門各單位權責劃分不清，橫向聯繫不足，非法交易仍盛行，行政院相關部會執行「小三通」業務成效不佳，決議組成專案小組進行調查。

我們於二○○四年八月二十三日出發，循「小三通」路線由金門至廈門市、漳州市、泉州市、福州市、馬尾等地，採訪當地臺商及臺商協會後，同年八月二十七日由馬尾回馬祖後返臺。期間，除舉行座談會，聽取「小三通」興革意見外，並分別作成紀錄參辦。在親歷「小三通航線」體驗中，並綜合臺商意見後，發現「小三通」政策實施迄二○○四年八月業三年餘，迭有民眾、臺商抱怨有定位不明、通關不便、航班不足、人通貨不通等缺失，因此衍生走私檢疫問題嚴重，載人貨的地下行業猖獗活躍等情事，爰申請自動調查。

經逐一翔實查察及委請財團法人中華民國消費者文教基金會抽樣金門地區針對肉類、水產及蔬果等項檢驗結果後發現：定位不明，規劃目標無法達成，執行成效不佳；免稅進口物品項，並未切合金馬當地民眾的需求；兩岸載人貨的地下行業猖獗活躍；食品衛生檢查工作無法落實執行等缺失，再次提案糾正行政院相關主管單位，冀望從不同層面提出興革意見，監督主管機關貫徹「小三通」各項政策。

「小三通」在試辦階段中，採取循序漸進、逐步加溫的作法，雖是正確的方向，然而在民意高度需求的反應與臺商的殷切期盼下，本院歷次所提糾正事項，均有待主管機關檢討與落實。藉此專書的報導，讓國人瞭解「小三通」的實際運作現況與面臨困境所在，並共同督促政府主管部門檢討改善「小三通」相關缺失，及時提出真正契合兩岸人民需求的政策方案，是所至盼。

「小三通」啓航七年來的歷史意義

張火木

在「小三通」金廈航道中間，有兩幅巨大的政治標語，隔著金廈航道遙遙相望，一幅是蔣經國總統早在一九七九年提出的「三民主義統一中國」，矗立在我方海域的大膽島上，日夜由國軍弟兄駐守著，也是目前每天從廈門和平碼頭，招攬旅客坐船遊金廈海域攝影解說的重要景點。另一幅則是前中共總書記鄧小平於一九八二年正式提出的「一國兩制」，高高掛在廈門港外中共海域的小島上。

近年來，由於廈門市極力發展旅遊觀光事業，坐船到金廈海域從海上觀光金門島嶼，已成為最熱門的旅遊產品，不僅遊客絡繹不絕，每張船票價格高達人民幣八十元，來回航程大約一小時，因此金廈海域之旅，已成廈門市外地旅客最熱門的景點。有一天，金門縣政府接到一通自稱來自中國大陸國臺辦辦公室的電話，因為大陸觀光客反映大膽島上「三民主義統一中國」的夜間照明設備故障了，要求趕緊修護，才不會讓觀光客抱怨。這或許是一則有關兩岸人民茶餘飯後的笑話，但卻在某種程度上，反映出兩岸關係已演變到非常微妙的階段。

監察院職司風憲及基於職責所在，自二〇〇一年八月，實地發現「小三通」業務確有許多問題存在，在長達一年的調查後，針對相關違失事項，於二〇〇二年九月即通過了對行政院的糾正。第一次糾正距離「小三通」首航，只有二十個月，此後尚進行數次的地方巡察與舉行臺

〈楔子〉
打破藩籬　互通有無

一、兩門兩馬歷史八緣親

兩門自古是一家，金廈關係的發展是兩岸關係發展史的縮影版。在漫長的歷史長河中，讓金門與廈門結下史緣久、地緣近、血緣親、語緣通、文緣深、神緣合、俗緣同、商緣廣的所謂「八緣之親」。

過去超過半個世紀的歲月，由於人為與戰爭的因素，造成兩岸骨肉分離，也讓百餘萬外省族群阻斷了歸鄉路，但是仍然無法改變兩門自古是一家的史實。同樣兩馬居民自有縣轄治以來，均屬於連江縣，其關係也是同樣血濃於水，關係相當密切。連江縣位於閩江口，是福建省所轄之縣分，由於國共內戰，原連江縣一分為二，造成今日兩岸都有「連江縣」的奇特現象。

著名作曲家莊奴在旅遊廈門時，曾創作〈兩個門兒門對門〉：「福建有個門，門兒叫廈門。臺灣有個門，門兒叫金門。福建臺灣一水隔，兩個門兒門對門。福建和臺灣，手兒牽著手。廈門和金門，心兒連著心。福建臺灣一水隔，兩個門兒門對門。福建臺灣各兩岸，兩岸隔不斷一家人。福建和臺灣，兩地常來往。廈門和金門，往來分外親。福建臺灣一水隔，兩個門兒門對門。福建臺灣各兩岸，兩岸隔不斷一家人。」這首詞亦道盡兩岸平民百姓長期以來渴望此次由金門縣政府所組成的訪問團，為兩岸「小三通」寫下歷史的新頁。在廈門公安逐一檢查訪問團成員的隨身行李，以及阻擋中外記者時曾引起一陣混亂後，金門縣長陳水在率先踏上廈門的土地，時間是一月二日上午十一時五十分，從這一刻起，金廈兩門的門戶正式打開了。

當日，料羅碼頭上，大批中外媒體記者雲集，鎂光燈閃爍不停。金門高中的管樂隊吹奏樂曲送行，料羅港一片人聲鼎沸、喜氣洋洋。金門百姓都以興奮的心情，來看待這趟歷史性的「破冰之旅」。金廈海域雖只有六千公尺，卻足足走了半個世紀之久。

當天廈門市長朱亞衍親自迎接並設宴款待。陳縣長指出，過去兩岸接觸都是中央層級，二十一世紀開始，兩岸人民互動的協商時代已經來臨，他並預期三個月後，「小三通」將進入第二階段，也就是大家都可以由金馬通道進入大陸。廈門朱市長則相信兩岸之間的交流會越來越頻繁，不會像過去那麼生疏。

緊隨著二〇〇一年一月兩岸破冰首航的腳步，隔月，對岸七十五位金門籍六十五歲以上旅居大陸的金門鄉親，搭乘「鼓浪嶼號」客輪，返抵金門故鄉。在睽違半世紀之後，歸鄉圓夢的老鄉親激動地跪在祖堂前說：「回家的感覺真好！」

兩岸「小三通」成功上路的一個月之後，二〇〇一年二月二日，十三名在中國投資的臺商以專案方式直航廈門轉回工作地。當時陸委會主委蔡英文表示，希望專案能變成通案，讓所有臺商都能從金門到中國，不用再遠行繞道港澳。可惜將近七年的時間過去了，這個通案迄今仍然還沒完全成為事實。

行政院二〇〇一年新年團拜，張俊雄院長談及金馬正式首航，曾呼籲中國當局釋出善意，並且重申「小三通」不是「大三通」。當時，貨物或人員都禁止單向中轉，不能從臺灣經由金馬轉運大陸。

兩馬通航後，我方連江縣劉立群縣長曾和大陸連江縣王玲縣長，於二〇〇一年一月三日兩人面對面坐下來舉行了一場會談，雙方不僅談合作計畫，也同意在農曆年前，遣返十五名滯留在馬祖靖廬的中國漁民。不過提到非法炸魚、非法越界捕撈等漁事糾紛問題，以及「小三通」後人民往來和貨物貿易等問題，一時之間雙方仍缺乏共識與有效的解決方案。

五、開啓兩岸和平的契機

過去半世紀，從金門看大陸是遙遠但實際距離卻很近，要去大陸距離很近卻很遙遠，是一種奇妙的分離關係。但是金馬「小三通」開航後，讓壁壘分明達半個世紀的兩門（金門、廈門）與兩馬（馬祖、馬尾）重新連成一體，也讓魂牽夢思的兩岸親人得以再度重逢，真正幫助兩岸人民拉近了身心的距離。

從一開始，對於「小三通」的政策推動，金馬地方民意與政壇人士都有非常高的期待，可以說是天天引頸在盼，當時率團首航的陳水在縣長，即曾主動向廈門市長提出「金廈經濟共榮圈」的構想。

主要著眼於金門缺乏水電與基礎建設的建材原料；金門民眾就醫問題以及地緣時效等因

素，「小三通」對金馬居民最大的吸引力，是連接阻斷半世紀以上的大陸血緣臍帶，同時建立起輸送經濟養分的管道。

二〇〇五年九月間陸委會破天荒首次以簡體字出版《和平橄欖枝》，書中彙整了我政府歷年的政策宣示及作為，包括政府與大陸建構統合架構的企圖、彈性推動談判的複委託設計、健全兩岸交流秩序的法規修正及制度建置等，希望以一步一腳印模式，讓兩岸朝穩定和平的走向發展。

書中感性地向大陸當局遞出善意的「橄欖枝」，希望兩岸間的敵意可以如洪水一般消退，也希望不要讓難得營造的善意一再蹉跎。因為打造一個兩岸人民安居樂業的環境，需要兩岸共同來努力，「一中原則」限制了兩岸可以開展更大格局的可能，而「和平」的最終理想，是要提供一個更寬廣的視野，希望兩岸的領導人，都能共同期許成為「和平達人」。

總之，打開兩門，加強兩馬交流，是增進金馬兩縣民生建設與經濟繁榮很好的方式，兩岸「小三通」的政策推動，可以促進兩岸良性關係的發展，是兩岸人民的共同呼聲、時代的趨勢以及全球化的歷史潮流，亦是開啟兩岸和平曙光與和平之路的契機。

第一章

兩岸故園情

一、兩岸關係的時代分期

兩岸關係指的是臺灣與大陸分裂的狀態，這種關係是由於我國內戰的結果，而內戰的原因很多，包括國共兩黨長期的權力鬥爭、政治體制與意識形態的差異、國際勢力的介入等，其結果便造成長期以來兩岸的敵視和對立。

金馬與兩岸關係的議題是有區域性與地緣性質的特質，所以應由區域研究結合歷史學研究的角度切入，前者屬地理上微觀主義，後者可透過歷史的宏觀來探討相關議題。

中華民國是亞洲第一個民主共和國，創立於一九一二年，九十六年來其有效統治的地區雖幾經變動，但主權迄今仍屹立不搖。一九四九年因中共政權占據中國大陸地區，國民政府播遷來臺，從此形成以臺灣海峽為界的政權分治局面。

回顧過去五十八年來，兩岸關係從早期激烈衝突、尖銳對立到中期開放探親、經貿交流以及近期的「小三通」試驗的發展過程，大致可分為以下四個時期：

軍事衝突對立時期（一九四九—一九七八年）

其間曾發生古寧頭戰役、九三砲戰、八二三砲戰等重大戰役，以及持續而零星的軍事衝突。這期間，兩岸直接軍事衝突次數雖然由多而少，但兩岸軍事對立態勢仍然非常明顯而尖銳。

在此期間無論是金廈海域或是臺灣海峽，隔斷了兩岸許許多多的人倫親情、血脈族裔，兩岸三十餘年互不往來的歲月，讓兩岸許許多多的家庭骨肉分離、妻離子散，造成終身無緣再相見，甚至抱憾終身，均是典型的案例。

兩岸互不往來時期（一九七九—一九八七年）

由於美國與中共建交，臺灣外交處境艱難，中共即展開密集的統戰，先後發表了「告臺灣同胞書」、「葉九條」及「和平統一」、「一國兩制」等系列主張。這些主張都以中共政權為「中央政府」、我方為「地方政府」當作前提，我方當然無法接受。

在此期間，政府一方面加速臺灣地區的政治民主化與經濟自由化，同時提出「三民主義統一中國」的號召；另一方面採取「三不政策」（即不接觸、不談判、不妥協），以化解中共的統戰攻勢。當兩岸只有政治利害關係的算計時，往往是無暇顧及人民的幸福，此期間可說是「互不往來」的疏離時期。

實質交流協商時期（一九八七—二〇〇一年）

一九八七年十一月，隨著臺灣地區政治及社會日益民主化與兩岸情勢的快速變遷，政府毅然決定開放民眾赴大陸探親，打破了臺海長達三十八年的隔絕，開啟了兩岸民間交流時期。

在此十五年期間兩岸民間交流日益密切，但交流基礎仍十分不穩固，但隨著兩岸民間實質交流活動的開展，兩岸關係已進入密切協商往來的時期。當兩岸人民交流的大門一旦打開，兩岸關係已開始進入質變量變互相激盪的時期，兩岸人民的關係只會更加密切，不會更加疏離。

「小三通」試驗時期（二〇〇一年迄今）

金馬「小三通」是根據二〇〇〇年四月五日公布實施的「離島建設條例」第十八條試辦離島「通航」規定，經過政府相關單位詳細的評估，審慎的規劃及作業準備後，自二〇〇一年一月一日開始推動實施，這是金馬地區政經建設新里程的開始，也是兩岸關係發展非常重要的一步。

二、兩岸交流的發展概況

綜觀兩岸開放探親交流初期十年間，我民眾赴大陸人數已突破千萬人次；而大陸同胞來臺者亦達二十萬人次。兩岸人民親情人倫的交流，像是一股無形的網，已悄悄築起一座兩岸人道往來之橋。

開放探親

兩岸實質交流始於一九八七年十一月的探親政策，除了因為當時兩岸氣氛已漸趨和緩，兩岸對立緊張的情勢亦日益下降外，政府在逐漸落實民主政治改革的過程中，重視人道主義的考量尤為主因。蔣經國總統當時是基於人倫親情的考量，決定開放榮民老兵得以返鄉探親，而開放的首要對象，是以在大陸地區有「三親等內之血親、姻親或配偶」的榮民為主。此項措施實施之後，為因應民眾的需求，政府更逐步放寬各項限制。

至於大陸民眾來臺部分，初期由於中共對我敵意仍深，加上兩岸因人口、面積過於懸殊，因此在政策上採取「去寬來緊」的原則。其中基於人道考量，於一九八八年十一月，先開放大陸地區人民來臺探病奔喪；在探親上，對於依規定不得申請進入大陸地區探親的軍警及其他公務員，則允許其大陸地區三親等內血親或配偶申請來臺探親；並陸續開放大陸地區的父母、配偶、子女或滯留大陸地區在臺原有戶籍等人民，亦可申請來臺探親；大陸民眾如欲來臺居留，則以其配偶在臺者為主；對於年邁的大陸直系血親及配偶、滯留大陸地區的臺籍人士或前國軍人員等特定條件人士，則可同意其來臺定居。其次，為促進兩岸民間交流，則採重點式的開放，如開放大陸文教、經貿等專業人士來臺從事參觀、訪問等。

前述有限度開放大陸同胞來臺的作法，係基於從社會安全及秩序的觀點出發，因臺灣地區地狹人稠，實無法容納過多大陸人民前來。但隨著兩岸交流的日益頻繁，所產生的血親或姻親關係日漸增多，故在實務作為中，政府已逐步放寬大陸同胞來臺的限制，如擴大並增加大陸人民在臺定居、居留類別及數額等。即以大陸地區配偶來臺居留為例，已由初期三百名逐年擴充至三千六百名。

經貿交流

此期間兩岸經貿交流也在「間接」往來的架構下逐步展開。政府陸續採取多項重要開放措施，使兩岸間得以發展貿易、投資、郵、電、通匯、金融保險等經貿關係；雙方經貿互訪也日趨頻繁。一九八七年四月「境外航運中心」正式展開運作，則為兩岸航運關係改善跨出關鍵性的一步。

據香港海關一九九三年底的統計，兩岸經香港間接貿易金額為八十六・九億美元，其中臺灣貨品經港輸入大陸金額七十五・九億美元，大陸貨品經港輸入臺灣十一億美元。十年後，兩岸貿易飛躍式增長。依臺灣公布的數字，二〇〇二年兩岸貿易總額達四百一十・一億美元，占臺灣對外貿易總額的十六・九%；其中臺灣對大陸出口三百三十・六億美元，占臺灣出口總額的二五・三%；臺灣從大陸進口七十九・五億美元，占臺灣進口總額的七・一%；臺灣對大陸貿易順差達二百五十一・一億美元。

兩岸經貿正常秩序仍待積極建立。海峽兩岸經過四十年的隔閡，在意識形態、制度規章、法治觀念以及發展水準上，均存有很大差距，必須有一套完備的規範架構，才能順暢的進行。但在中共漠視兩岸交流秩序，且雙方協商管道時有中斷的情況下，各種經貿問題逐漸浮現——包括走私、偷渡、兩岸經貿糾紛、智財權保護、臺商在大陸投資權益保障等問題，仍有待雙方展現誠意，並盡早協商解決之。

近年來，大陸崛起成為全球矚目的焦點，其經濟成長幅度與投資市場的磁吸效應，讓我方更加無以迴避兩岸經貿的議題。一九九〇年時臺灣人平均收入是大陸的十八倍；二〇〇七年大陸人則已達二、〇五〇美元，只剩下七倍，明顯拉近距離。

文教交流

兩岸的文教交流，係政府於開放探親政策後，為加強雙方民眾之互相認識與瞭解，而另行開放的交流類別。自一九八八年八月起陸續開放，由物品的來臺至人員的往來，均逐步放寬交流的限制；此外，政府更結合民間力量推動各項文教交流活動。

兩岸文教交流範圍已由學術逐漸擴及藝文、科技、體育與大眾傳播交流，而交流深度亦由人員互訪、召開學術研討會等，發展至交換出版品、合作研究、技藝觀摩等。來臺的大陸人士亦已廣及科技專業、文教藝術、大眾傳播、宗教界等。

從上述兩岸交流的概況與數據分析，成效最大者是兩岸經貿交流，影響層面最大者為文教交流，讓兩岸人民藉文教交流促進彼此的認識與瞭解。

兩岸協商

此期間兩岸因民間交流日益頻繁，不免衍生許多事務性的問題，這些問題都直接或間接與人民權益相關，例如：因婚姻、繼承、學歷等問題所引起的文書查證的需要；因信件往返所引起的查詢與補償問題；因投資設廠所引起的權益保障問題；因旅行而產生的人身安全與旅遊糾紛問題；因持續不斷發生的海上走私、漁事糾紛、大陸人民偷渡來臺而產生的共同防制犯罪等問題。因此，在擴大兩岸民間交流的同時，為解決許多衍生問題，必須一方面建立負責處理的機構，另方面則應建立定期協商的制度。

在協商專責機構方面，由於中共不願意正視兩岸分治事實，雙方政府間直接協商的方式始終無法為中共所接受。為務實解決問題，我方於一九九一年二月成立了海基會，而大陸方面在觀望了十個月後，也成立了海協會，至此，兩岸處理交流衍生問題的專責機構均告設立，為兩岸協商解決問題跨出最重要的一步。

一九九三年四月，海基會與大陸海協會經過多方折衝，由雙方的負責人海基會辜振甫董事長及海協會汪道涵會長在新加坡舉行了第一次「辜汪會談」，簽署四項協議：㈠兩岸公證書使用查證協議；㈡兩岸掛號函件查詢補償事宜協議；㈢兩會聯繫與會談制度協議；㈣辜汪會談共同協議。從此建立雙方制度化的溝通與協商管道。

從當時兩岸兩會依據「辜汪會談」簽訂的相關協議，針對既定的議題，先後舉行過十次不同層級的協商，在觀念溝通和共識的建立上，已有相當進展。一九九五年二月，行政院連戰院長基於兩岸既已建立制度化的溝通與協商管道，遂提出兩岸應進入「協商時代」，主張以協商代替對抗。

同年四月，我方主動建議召開第二次辜汪會談，並主張往後兩岸會談應予定期化、制度化。五月底，海基會與海協會在臺北舉行第二次「辜汪會談」第一次預備性磋商。在這次協商中，政府在協商架構上予以調整，首次派由政府官員以海基會顧問名義參與。原本確定於七月間舉行的第二次辜汪會談，卻因中共對我務實外交反應過度，而片面延期，並中斷兩岸間制度化聯繫協商管道，以致造成兩岸近年來陷入膠著關係的狀態。

三、兩岸親情綿延不絕

從一九四八、一九四九年開始，一百餘萬人隨國軍遷移到臺灣，其中有六十多萬是軍人。

大多數老兵都有著類似的遭遇與經歷，十幾歲的年紀糊裡糊塗當了兵，渡海來臺的時候也不知道這一去幾十年都不能再回故鄉。幸好在八〇年代後期，臺灣當局允許開放人道探親，終於開啟了榮民在漫長等待後可以順利返鄉的機會。

老兵發起想家運動

一九八七年五月，幾名隨國軍來臺的老兵，走上臺北街頭，衣服上寫著一個大字「想家」，向過往行人發著傳單，要求社會各界支持他們的訴求主題：返鄉探親。

就在那一年的年底，蔣經國總統宣布開放民眾赴大陸探親，讓隔絕四十年的海峽兩岸，重啟往來機會。那一年，也是臺灣威權體制崩解的一年，解除戒嚴，就是在同年七月發生的大事。在宣布解嚴時，也同時宣布自隔年起開放報禁和黨禁。而探親政策和老兵們的「想家運動」，絕對有其密切的因果關係。而榮民返鄉尋根人潮在「小三通」政策未開放之前，必須繞道香港與澳門，既費時又費錢更費力，此現象直至二〇〇三年十月「臺灣地區與大陸地區人民關係條例」通過修正案放寬往來人員的資格後，才大幅獲得改善，前後時空相距長達十六年。

當時白髮蒼蒼的老兵們齊聚，高舉寫著「捉我來當兵，送我回家去」、「白髮娘望兒歸，紅妝守空幃」等牌子，老兵口中高唱著思鄉的歌曲「母親你在何方」，引起社會各界震撼。老兵除了在國父紀念館集會、發傳單，也到老兵們經常進出看病的榮民總醫院、榮民之家等大門口，廣發傳單，爭取行動認同。

一轉眼間，老兵返鄉運動已是二十年前的往事，如今絡繹不絕兩岸之間的，從早年的老兵探親、假探親之名的旅遊，到堂而皇之的旅遊、出差、經商、求學等，已成為普遍現象。如今從臺灣去大陸探親的，不再只是「少小離家老大回」的老兵們，取而代之是臺商及其眷屬等。往後的「探親故事」，已不像過去集中在外省族群的悲歡離合，而是臺灣各族群的集體行動了。

自從一九八七年開放大陸探親之後，臺灣人民前往大陸探親、旅遊、經商等活動者日眾，尤其透過相親、仲介方式，而順利娶大陸配偶者，一般估算約近二十二萬人，其中以榮民身分娶大陸配偶者，約有二萬四千餘人左右。如今他們也是「小三通」往來兩岸的常客。

第二章

金馬風雲

一、金馬昔日榮耀

「小三通」從無到有，均與金馬島嶼有密切的地緣與人脈的關係，歷史上金馬人靠天、靠海、靠山吃飯；兩岸對峙時期，金馬人靠駐軍與阿兵哥吃飯，如今兩岸可以和平往來，金馬人能否靠「小三通」吃飯？其中以「人、貨能不能自由中轉」最是關鍵，因此才有「奶水論」的說法。

仙洲金門，形勢險要

金門位於福建省東南海岸外，舊名浯洲，又有仙洲、浯江、浯島等名稱。金門之得名始於明洪武年間置守禦千戶所，江夏侯周德興築城於此，又因其戰略地位內捍漳廈，外制臺澎，故有「固若金湯、雄鎮海門」之譽，因此得名「金門」。金門列島總面積為一百五十・四十六平方公里，包括大金門、小金門、大膽、二膽、東碇、北碇等十二個島嶼，星羅棋布於海域間，有如眾星拱月。

金門距澎湖八十二海浬，距高雄一百五十海浬，金門本島與廈門距離為十三海浬。金門島內地層以花崗片麻岩為主，土壤以砂石及紅壤土為代表，自然生產條件不佳。因此自近代以來，下南洋找生路，一直是金門人求生存的方向。

從地理位置上說，金廈一水相隔，咫尺相望，原本就是一個生活共榮圈。金門位於廈門島東側，廈門島位於九龍江出海口，面積一百三十三平方公里（含鼓浪嶼），比金門小一些。從廈門和平碼頭到金門水頭碼頭，若繞大膽島航行，航程約十三海浬，約需五十分鐘；若取直線航行，縮小為十海浬。而最近處是廈門角嶼與金門的馬山，僅相距一千八百公尺。

從血緣關係言，兩門本是同宗共祖的對門親戚。晉時（二六五—四二〇年）中原板蕩，有蘇、陳、吳、蔡、呂、顏六姓難民避居金門。唐貞元年間（六二七年），有牧馬監陳淵率十二姓開墾金門成為牧馬場。

古之同安，今之廈門

從行政區劃分來看，兩門長期隸屬同安縣治。從五代到明末的七百年間，兩門都歸同安縣管轄。清初，鄭成功據守廈金，將兩島設為思明州。康熙二十二年，清軍收復廈門，又把金廈劃歸同安縣。

至一九一五年一月一日，金門才從思明縣分出，並劃大嶝、小嶝等歸屬，正式設立金門縣，隸屬福建省。廈門於一九二一年設市，後來轄區擴大到同安縣城，中共統治後，又再次將其升格為副省級城市。如今轄地包括思明、湖裏、集美、海滄、同安、翔安等六個區，因此有「古同安今廈門」之說。

金門在近百年間的人口消長，很明顯呈現波浪形，最特別的是開放「小三通」七年來，當地人口出現高達三八・八%的成長率。另依據金門主計單位的統計，至二〇〇七年九月底為止，金門人口總數為八〇、一九一人，共有三十七個村里，七百五十六鄰，二九、一二〇戶數，平均每戶二・七人，人口數成長與地方福利制度及「小三通」政策的推動均有密切的關係，但每戶平均人數偏低，明顯與「小三通」設籍有關係。

澳口聚落，封火山牆

馬祖列島被形容為「遺落在閩江口外的一串珍珠」，馬祖島原名南竿塘，原是一個大漁場。列島以「馬祖」為名，始於宋朝。時福建省興化府莆田縣湄洲島東螺村漁民林愿的六女默娘，稟性賢淑，事親至孝，每於黑夜燃薪為火，為歸港漁舟導航，因此深受鄉民敬佩。某日，其父出海捕魚，不幸遇風罹難，默娘痛不欲生，因此投海尋父，最後負父屍漂至南竿島西岸澳口，後人將此澳口視為「媽祖澳」並立廟奉祀，直至國軍駐守「媽祖澳」，認為名稱過於柔弱，而去其女字邊，改稱「馬祖澳」。

馬祖位於閩江口外，自元代起即與閩浙沿海人民往來頻仍，盛行漁撈生計，到了清初福州漁民即移居於此，並逐漸形成具有血緣關係的聚落，其中以陳、林、曹、王、劉為大姓。閩江口過去為海上絲路的必經地，英國人曾在此興建燈塔，由於海路發達，使馬祖一度成為覬覦海上利益的海寇所盤據，其中以林義和最有名。

馬祖移民主要來自大陸沿海，生活習俗迄今仍保有閩東習俗，在語言、建築、飲食、信仰等，都有其獨特性。居民以長樂、羅源縣居多，是臺閩地區唯一以福州語系為主的縣分。

國共分治，戰地政務

馬祖早年和金門一樣實驗戰地政務，長期以來，馬祖地方民生供需和商業活動都與駐紮島上的國軍休戚與共，過去兩岸關係緊張對峙，為數眾多的兵員創造了地區性的繁榮，因此「軍民一家，同島一命」的標語隨處可見。近年來，因大量撤軍後，商家生意一落千丈，兩岸「小三通」因此成為馬祖居民恢復昔日榮景的唯一寄託與希望。

一九四九年因國共分治，行政區分南竿、北竿、莒光、東引四鄉。大部分的土地皆劃為軍事重地，隨處可見的軍事建築、地下坑道及港口、據點、砲座、訓練場等獨特的戰地風光。自一九九二年十一月七日起解除戰地政務後，軍方陸續將軍事工事，移交給連江縣政府與國家風景區管理處管理。

過去因大量的駐軍曾創造了前所未有的榮景，馬祖人口於一九七一年時達到最高峰，共計一七、〇八八人，此後由於駐軍減少，地區的產業逐漸蕭條，青壯人口外流，人口逐年下降。近年來，馬祖人口因臺馬交通改善與民生建設的推動，人口有逐漸回流的現象。依據戶政單位統計，一九九九年六、五六〇人，到二〇〇七年九月底為止，人口總數為九、八七八人。人口回流除了「小三通」因素的影響外，常常和年度選舉有密切關聯性，最主要是選區小與人口少的關係。

二、金馬前途發展的關鍵

金馬地區在戒嚴時期，百姓生活必須有證才通，而且無所不管，包括宵禁管制、燈火管制、入出境管制、電信管制、金融管制、電器用品管制以及其他如建築、漂流物、照相機、攝影機管制，使得民眾日常生活備受限制，人權不受重視，思想沒有自由，金馬百姓若犯法，也會視同軍人，交由軍法審判。

解嚴以後金馬的角色地位一直在改變，包括軍事、政治、經濟、社會各層面，均處在急速轉型階段，從兩岸互動的角度看，金馬的角色地位是「邊陲」也是「中心焦點」，至於現階段金馬的政經發展，能否跳脫過去的「悲情」與「歷史的宿命」，全看兩岸是否持續朝良性互動關係發展而定，而金馬前途的發展契機亦繫於其中。近年來「小三通」試辦的成敗，更關係到金馬經建發展的成敗。

金馬人民，所得落後

事實上，過去金馬成為「反共的最前線」，也淪為美、俄兩大強權武器的試驗場，島上曾駐守十餘萬大軍天天枕戈待旦，部隊的主副食、日用品均在營區附近採購；居民無論是種菜、養豬、捕魚或採蚵，皆可賣給阿兵哥，甚至，只要在軍營附近洗衣或賣冷、熱飲，皆能維持起碼的生計，換言之，島上官兵的薪餉、親友匯寄的錢，幾乎都花在島上，帶動地方經濟繁榮，不在話下。

從六〇到八〇年代，金馬地區號稱有十餘萬大軍駐守，隨著兩岸關係的變化以及科技戰略的改變，預計至二〇〇七年國防部規劃的精實案第二階段結束時，金、馬防衛司令部將降編為指揮部，金門的駐軍將從目前接近萬人將減為一半，馬祖也將從六千減為三千人。

二〇〇六年度金馬地區的國民平均所得，約為臺澎的一半（金門八千六百美元、馬祖九千三百美元），究其原因除了地理生產因素外，主要是因長期實施「戰地政務」的影響，加上駐軍逐年減少，消費力低外，金馬兩地在長期軍管條件下，民生基礎建設嚴重不足，其經濟發展落後，與長期軍事化有絕對的關係。

安輔條例限制金馬發展

有關「金門馬祖東沙南沙安全輔導條例」的訂定，一開始就讓金馬人民一片譁然，並視為是取代「戒嚴法」、「戰地政務實驗辦法」的替身，此條例明顯影響金馬的地方自治與民生發展，讓金馬兩地依然特殊化。更負面的是軍方雖擁有安全維護的權限，卻沒有落實執行維護金馬海域的安全，任由大陸漁船闖入金馬海域作業，甚至發生走私、偷渡等問題，最後不得不於一九九五年將海域安全維護工作，改由軍警共同負責。從理論上看，似乎多了一個警政單位負責，但並未落實執行海上勤務，其結果是「兩頭管，兩不管」。

綜觀「安輔條例」，自法案的制訂到頒布實施期間，無論是地方百姓，或是政府主管多持反對態度，一致認為若是為了金馬地區的安全，現行的「國安法」、「軍事要塞管制法」等，均足以適用，無須疊床架屋。在一片反對的聲浪中，該條例自一九九二年制定以後，一直無法落實，直到一九九八年才正式廢止。同年八月七日公布「地方制度法」和「離島建設條例」，金馬地區在其規範下，繼續尋找最有利的出路與發展方向。

綜建方案，發展觀光

「金門地區綜合建設方案」多年來一直是一項延續性的方案。一九九九年三月，經建會再度針對最感迫切建設項目，協調中央相關部會分別就農業、都市、運輸、觀光、水利、工商、能源、文教、環保、醫療等研擬發展重點，共同擬定第二次綜合方案，以加速經建發展。該方案經費高達新臺幣一百九十五億元，實施期程為二〇〇〇年至二〇〇四年。短期計畫以發展觀光與加強醫療設施為主；中程計畫以興辦各項重大公共建設為主。

金門綜建方案所需經費原由中央各主管部會編列支應，但自「離島建設條例」於二〇〇〇年四月公布施行後，自二〇〇一年度起中央補助款改由離島基金統籌支應，因此大幅度刪減綜建方案補助款，使得多項重大建設難於依照原定計畫施行，嚴重影響開發與建設成效。

離島條例，接續建設

連江縣綜合發展計畫歷經多年的規劃，於二〇〇〇年度起，分短中長三個階段逐年實施，為配合「離島建設條例」的施行，整體推動四鄉五島的開發與建設。粗估十二年預計編列新臺幣三百三十億元。其近程目標（二〇〇〇至二〇〇三年度）在推動機場、國內商港、道路、水源、電力電信、觀光等建設；中程目標（二〇〇四至二〇〇七年度）在推動高水準的度假基地、醫療升級、加強閩東的文化與經貿交流；長程目標（二〇〇八至二〇一一年度）則定位為福州經濟圈的物流樞紐、閩江口的海域資源營運中心。

以二〇〇七年度「離島建設條例」補助計畫為例，共審議通過一百七十三件，金額達七億五千餘萬元。其中澎湖縣以觀光發展為主，金門縣以地方特殊產業為主，連江縣則以交通補助占大宗，臺東縣有較多生態永續計畫，屏東縣則以基礎設施及環境教育為主。其中馬祖爭取到一億四千六百五十萬，金門則是二億三千一百多萬元，很顯然都屬於杯水車薪的補助性質。

金馬定位，眾說紛紜

有關金馬前途定位問題一直是金馬民眾最關心的政治議題，也是意見最分歧的討論焦點，從金馬撤軍到福建省政府的存廢問題，都是鄉親十分關心的議題。自一九九九年臺灣精省，「地方制度法」頒布後，省政府成為行政院的派出單位，已非公法人地位，其職權僅限於中央授權，執行委辦監督的角色，其職權與功能已大幅降低，至二〇〇七年九月原有福建省政府委員的編制也一併取消了。

目前金馬地區的前途出路，除希望依據「地方制度法」和「離島建設條例」，以爭取中央更多的經費補助，加速基層民生建設，並期待能從兩岸關係發展，發展成「中轉」的角色與地位，以繁榮地方的經濟景氣，沒有其他更好的途徑。

近年來，除了「金馬特別行政區」之外，有關「金馬自治區」、「金廈和平區」、「金馬免稅貿易區」以及「金馬自由經貿特區」等議題再度被學者專家廣泛研究及探討。民進黨於一九九八年曾提出《金馬政策白皮書》中，有提及廢除福建省政府，建議設立「金馬特別行政區」的主張，加上近年來推動試辦「小三通」的經驗與成效，金馬地區設立特別行政區的構想已成為重要選項之一。

三、「小三通」的政策背景

基於八○年代兩岸在政治意識形態上仍有重大的分歧，實現「三通」的機會仍有極大變數，但實際上，兩岸在福建沿海和金馬地區早已有經貿上的往來。一九九二年三月中國大陸福建省即提出「兩門對開，兩馬先行」的「小三通」構想。此舉曾讓金馬地區有識之士雀躍萬分，立即由曹原彰、董志謀、楊樹清以及翁明志等人共同具名，發行《金馬與大陸小三通說帖》，引起各界廣為討論。

三通政策，試驗性質

主要是由於「兩門」（廈門和金門）和「兩馬」（馬尾和馬祖）自古以來都是經濟生活的共榮圈，加上相距非常近，可以進行試驗性質的「小三通」。大陸初步的構想，是在馬尾、廈門、湄洲灣興建供兩岸直航的專用碼頭，在廈門、金門兩島間鋪設海底電纜，准許到大陸的臺灣人民在福州、廈門機場辦理落地簽證等。

初期臺灣方面對於中共所提「三通」政策，是採取三不政策：即「不接觸、不談判、不妥協」做為因應的對策。

自從中華人民共和國於一九四九年在北京成立，中華民國政府遷臺之後，即宣布停止臺灣對大陸的一切形式的通商、通航和通郵。其間兩岸人民被禁止往來長達近四十年，中間亦曾發生數起軍事衝突與兩岸間的劫機事件。

行政院在一九七七年即曾頒訂「取締匪偽物品管理辦法」，對兩岸交流採取禁止態度。政府雖在一九八七年十一月開放「大陸探親」，解嚴之後也不再視「中共」為叛亂團體，但依然拒絕「三通」。由於當時兩岸仍未有正式交通方式直接往來，當時需要先飛往香港，然後再以其他交通方式或轉機前往大陸。

早在一九七九年元旦中國大陸在《告臺灣同胞書》中即提出兩岸應該立即「通商、通郵、通航」，此為「三通」政策的起始點。

政策源頭，小額貿易

一九九四年一月中國大陸即片面實施「關於對臺灣地區小額貿易的管理辦法」，指定福建、浙江、江蘇、上海、山東等東南沿海口岸，由臺灣居民和大陸對臺小額貿易公司進行「小額貿易」，「小額貿易」並不等於一般性的進出口業務。大陸當局將這種「小額貿易」定位為非官方的直接貿易和經濟交流，但臺灣當局則視為走私活動，兩岸政府認定標準完全不一樣。

一九九四年六月由金馬愛鄉聯盟正式對外發行《金馬與大陸小三通說帖》，表達希望能以「單向通航」、「定點直航」或「先海後空」、「先貨後客」等方式，漸漸進行「小三通」。

表一　兩岸通航演變一覽表

日期	政策	內容
一九八七・十一・二	兩岸交流互動	開放國人到大陸探親，並陸續頒布間接投資與輸出貨品等辦法。
一九九一・二・二十三	通航時機	「國家統一綱領」將通航列為中程目標。
一九九二・九・十八	直航的法律規定	制定「臺灣地區與大陸地區人民關係條例」，明訂兩岸間航運事務處理依據。
一九九二・十・十三	間接通航	頒訂「航政機關處理臺灣地區與大陸地區人民關係條例有關兩岸海運運輸事項作業規定」。
一九九五・五・五	境外航運中心設置作業辦法	發布「境外航運中心設置作業辦法」，允許外國船舶直航境外航運中心與大陸港口間，惟僅能運載轉口貨物。
一九九六・四・一	貨櫃標誌的開放	允許標有大陸地區標誌的貨櫃來臺。
一九九七・一・十七	開放定期航線業務	開放外國船舶，得經營經第三地航行於臺灣地區與大陸地區港口間的定期航線業務。
一九九七・十・二十一	境外航運中心的開放	解除僅能以集貨船方式航行境外航運中心的限制。
一九九八・八・二十四	境外航運中心船舶延伸航線	明訂境外航運中心船舶延伸航線，可裝載臺灣地區以第三地為目的地的進出口貨。
二〇〇〇・四・五	試辦離島通航規定	「離島開發建設條例」公布後推動。
二〇〇〇・七・二十三	境外航運中心開放海空聯運	境外航運中心開放海空聯運，決議兩岸定點試航直航。

第三章

打造新路的基石

一、細說源頭

要介紹「小三通」的故事源頭，必須追溯到一九九二年。這一年，三月二十三日大陸福建省委員書記陳光毅首度拋出「兩岸對開、兩馬先行」的論調，隨即掀起臺海這頭官方說法與民間聲浪的互相拉鋸。

兩岸對開，兩馬先行

一九九四年六月由金馬愛鄉聯盟正式提出的《金馬與大陸小三通說帖》：「主張金馬做為實驗站，則發生任何無法突破的問題或危境，至少可由這個緩衝地帶立即終止，則一切問題尚可『亡羊補牢』彌補。因此，金馬人民堅決主張，願再度成為實驗站，積極進行兩岸小三通，增進兩岸人民的福祉」。

此期間就有許多立法委員針對該項立法工作在努力，也經歷許多波折，直到二〇〇〇年才有具體的進展，金馬「小三通」是根據二〇〇〇年四月五日公布實行的「離島建設條例」第十八條試辦離島「通航」規定，於二〇〇一年一月一日開始實施，被期待是振興金馬地區建設發展的妙藥仙丹，也希望能為兩岸關係開展和平交流的新頁。

折衝樽俎，終於頒布

當「小三通」有了法源時，臺灣地區多數人對「小三通」方案並不看好，有人更質疑是否能順利推動？當時國民黨執政，行政院會立即對外表示，將考慮提出「覆議」，意圖翻案，不接受立法院通過的法案條文；而大陸方面，也表示臺灣所稱的「小三通」，並非兩岸人民期待的「三通」，不能滿足兩岸交流的需求，傳出拒絕配合；甚至金馬鄉親在「既期待又怕受傷害」的心情下，也出現反對的聲音，但經過溝通協調、折衝樽俎，最後行政院放棄「覆議」，於四月五日正式公布施行，二〇〇〇年五月二十日接續執政的民進黨政府，於同年十二月十五日頒布了「試辦金門馬祖與大陸地區通航實施辦法」。

就政策立意而言，「小三通」有著「夢工坊」般的理想目標，然而距離真正落實的目標，始終有一段很大的落差。深入研究其執行落差的根本原因，就是「兩岸非一般的兩岸」而「兩國也非一般兩國」，以致「大三通」遙遙無期，「小三通」則困難重重，加上金馬地區人民生計落後，亦非單純兩岸人員貿易往來，即能迎刃而解。因此從「夢工坊」般的「說帖」，到實際進程的推動，始終有其明顯的落差點。

推動目的，基本原則

政府推動「小三通」有其預設主要目的，首要為促進金馬地區建設與發展，其宗旨是為照顧金馬地區民眾的生活需求，降低當地民眾犯罪風險，藉由開放與大陸地區航運、人員、貨品、金融、郵政等雙向往來，以促進金馬地區的經濟繁榮。

其次為增進兩岸良性互動，以改善兩岸關係，從兩岸互動的觀點看，金馬與大陸福建，在地理上連為一體，經濟、社會、人文各方面的發展，幾乎不可分割，若能透過「小三通」，可加強雙方的正常聯繫，有助於增進兩岸良性互動。

同時政府提出三大原則，包括㈠安全：以國家安全為最優先考量，開放項目要在安全管理無虞的範圍下推動。㈡秩序：以建立秩序為前提，一方面，藉由開放措施，引導金馬與大陸地區經貿交流正常化，逐漸減少非法的問題；另方面，採取必要措施，嚴防開放後可能加劇的非法入出境、走私、偷渡等問題。㈢主張漸進開放、循序漸進的原則，初期以「除罪化」及配合社會治安維護為重點，再進一步擴大雙向的商業化往來。

初期措施，合法往來

初期的開放措施分兩方面，一方面，是讓金馬民眾與大陸進行合法的直接經貿交流，開放項目包括：㈠金馬一般客貨船經許可後，可以在金馬與大陸福建間從事客貨運輸。㈡金馬現有漁船可依據縣政府的許可條件，直航大陸。㈢金馬人民及公司行號可與大陸進行直接貿易；必要民生用品皆可自大陸直接進口。㈣金馬人民經許可後，能夠合法往來金馬與大陸，不必再繞道臺灣及香港、澳門。

另一方面，在有效控管風險，並採完善配套措施的前提下，有限度開放大陸地區船舶、貨品及人員進入金馬地區，項目如下：㈠大陸客貨船經向我方申請許可後，可在金馬與大陸福建間從事客貨運輸。㈡大陸企業可與金馬人民及公司行號進行直接貿易。㈢大陸人民經申請許可後，可以進入金馬地區從事商務、學術交流、探親、探病、奔喪或旅行。

二、實地測量

陸委會根據行政院的政策指示，針對「離島建設條例」第十八條所規定試辦金門、馬祖、澎湖地區與大陸地區「通航」，以及因「通航」所必然衍生的人、貨往來及相關商業行為，即所謂「小三通」方案，積極進行評估規劃，期能在「離島建設條例」的立法目的及整體規範下，加強促進離島的經濟建設與發展。

陸委會過去從「金門協議」到「辜汪會談」，已逐漸嫻熟兩岸事務的處理，然而「小三通」方案的規劃推動，的確挑戰整體行政院團隊的決策智慧。

評估規劃，完成修正

二〇〇〇年六月十三日，立法院第二十三次院會決議：「政府應在三個月內完成『小三通』評估，在三個月內完成規劃後，隨即實施優先試辦項目：『除罪化』『可操之在我』的部分。在前項架構下，政府應優先試辦離島宗教通航。在評估與規劃同時，政府應盡力推動兩岸協商的恢復。」

行政部門根據立法院上述決議，積極展開「小三通」評估規劃作業，邀集包括：內政部、國防部、財政部、經濟部、交通部、經建會、陸委會、農委會、海巡署以及國安單位等，分別從國防安全、社經秩序、經濟建設、法令適用、大陸政策以及執行面，分兩階段進行影響評估，最後由陸委會加以彙整，並於二〇〇〇年九月中旬完成兩岸「小三通」影響評估報告，經提報九月十四日行政院政務會議討論，並完成修正後，於九月二十五日函報行政院核轉立法院備查。

利弊得失，治安隱憂

評估報告指出開放「小三通」有利有弊，前者包括：可以促進離島經濟繁榮，照顧當地民眾日常生活需要。促進離島與大陸貿易正常化，減少非法行為，降低離島民眾的犯罪風險。增進兩岸良性互動與恢復協商。後者包括：在中共未放棄武力犯臺前，貿然開放「小三通」，將威脅離島軍事安全，進而影響防衛作戰。可能加劇非法入出境、走私、偷渡、逾期滯留以及非法打工等問題，形成治安上的隱憂。

在經過國安及經濟影響評估後，行政院認為以漸進、局部方式實施「小三通」，具有其可行性，但仍強調須有配套管理措施，以有效控管風險。

實施範圍，考量中轉

關於實施範圍，金馬地區可優先實施，等運作正常後，再評估澎湖地區與大陸的通航；至於開放限度，則基於離島防務、安檢負荷等因素考量，應採漸進方式，「先貨後人」、「先海後空」，開放航運、人、貨往來等規模及數量，亦宜限制。

至於中轉彎靠，初期認為不宜開放中轉及彎靠，但可考慮專案核准特定項目需要，其理由如下——㈠國防觀點：開放離島進行中轉，對地區防務及治安均構成威脅；㈡治安考量：中轉過程中人員及貨品停留或落地時間短暫，權責單位囿於便民及時間上的壓力，不易落實安檢工作，可能加劇對防務威脅及治安問題。㈢經濟觀點：開放臺灣地區貨品及人員可經離島中轉大陸，雖可產生局部經濟效益，並可提振當地民間投資；但是，這種效益可能極為短暫，因為，等兩岸「三通」後，因中轉帶來商機，勢將隨之消失。

項目評估，一區一港

㈠航運

1.通航方式：初期開放海運通航並以「一區一港」為原則，採「定點、定期、定線」方式進行。

2.航線選擇：初期以金門料羅港及馬祖福澳港；航線則以「金門—廈門」、「馬祖—福州」較為單純。航行船舶以兩岸客、貨船通航為原則；漁船仍不開放，但基於除罪化考量，漁船若改裝客、貨船，可依船舶法與航業法規定辦理。

㈡貿易

1.開放類別：開放商品貿易類別，應以滿足金馬民生需求為重點，加工型貨品為輔；中轉型貿易不宜開放。開放項目宜循序漸進，分階段實施。

2.未來商品規劃：

(1)輸入部分：第一階段以除罪化為主要目的，採正面列表方式，開放已公告准許間接進口的商品項目。第二階段以推動離島地區開發建設，健全當地產業發展為目的，開放項目將進一步擴大。

(2)輸出部分：除管制出口項目外，不作其他限制。

3.「除罪化」考量：基於有效「除罪化」考量，在強化防範走私，採取配套措施的前提下，可擴大第一階段准許輸入項目，並採配額方式管理，以活絡經濟。

㈢人員

1.金馬地區人民進入大陸：應限於民生需要與促進離島經濟有關事項以及人道因素等，進入大陸地區時間、次數及相關管理可以有彈性。

2.大陸地區人民進入金馬：基於國家安全理由，開放大陸地區人民進入金馬地區，初期宜採取配額方式。依金馬防務需求、安檢人力及設施等合理估算，初步認為可開放規模，金門七百人；馬祖一百人。

㈣工商

1.發展方向：開放「小三通」有利於活絡金馬工商業活動，以商業及觀光業有較大發展空間。

2.開發計畫：可規劃「大陸貨品交易中心」。

㈤農漁

1.發展方向：金馬農漁業可朝轉型為休閒農漁業方向發展。

2.規範問題：須加強動植物檢疫工作，防止金馬自大陸進口農產品輸銷臺灣。

㈥通水

1.需求：因觀光商務活動增加，金門供水若不足，能由大陸供水，較為便利。
2.條件：自大陸引水，須兩岸關係許可，同時須以確保民生及國防用水自給自足為前提。

(七)電力

1.供需：金馬供電能力大致可因應開放「小三通」後電力的需求。
2.長程考量：為確保金馬供電無虞，相關單位應作長程規劃。

(八)「除罪化」

1.政策意義：是針對非法犯罪行為如走私貨品、人員非法入出境、船舶非法直航大陸、漁船或企業非法僱用大陸漁工或勞工等，藉由開放措施使非法行為合法化，或透過刑事立法手段，免除犯罪制裁或改予較輕處罰，達到「除罪化」目的。
2.政策方向：考量金馬與大陸地區不可分割密切關係及民生需求，經分析若犯罪行為係出於當地人民需要，且無礙於國家安全者，將優先考量開放或放寬管制，予以「除罪化」；但是若考量有違國家安全或非關當地民生需求者（如走私到臺灣的大陸貨品），則不予「除罪化」。

從上述項目分析，可以發現受制於兩岸關係因素者占很大部分，其中工商發展、農漁業發展、水資源與電力供應等，是屬於基礎建設，理論上是可以操之在我與自主發展的範圍。其中人、貨中轉的問題限制過嚴，必然會成為日後官民爭議的焦點。由此觀點分析，有關「小三通」的政策評估與規劃項目，明顯有立意過高及寄望於對岸的矛盾現象。

三、藍圖規劃

實施階段，近中長程

近程有限度開放金馬地區與大陸福建地區進行貨物、人員、船舶及郵電等雙向往來。其規劃內涵擬以上述個別項目評估為基礎。第一階段優先實施「除罪化」及「可操之在我」部分，將視客觀條件包括中共已開放事項，中共給予我民眾待遇合理性，以及我方主動開放後不致衍生複雜問題等，選定優先開放項目。第二階段經兩岸協商確定進一步開放項目。

中長程須配合兩岸「三通」及經貿關係正常化，開放金馬與大陸福建進行貨物、人員、船舶及金融等全面正常往來，進而加強雙方經貿合作。其規劃重點包括：近程運作基本架構及規範可予持續，相關限制可進一步放寬。兩岸人、貨可以金馬地區做為中繼站。海運運輸可再放寬；空運視情況而定以及可與大陸福建地區發展經濟合作關係。

境管作業，分類處理

國人前往大陸若選擇經金馬地區至大陸，則必須申請「金、馬專用入出境證」，可分為以下兩種情況；大陸人民申請到金、馬則分兩類。

（一）國人

身分類別	入出境證效期	入出境次數
一般人民	一年以內	多次
特殊身分	六個月以內	單次

註：特殊身分：公教人員、警察、役男等。

（二）大陸人民

身分類別	金門		馬祖	
	停留天數	許可名額	停留天數	許可名額
第一類	六天七夜	七十～一百人	六天七夜	三～二十人
	經核准者，發給入境效期十五日，出境效期自入境之次日起六天之「個別」往來金、馬旅行證。			
第二類	二天一夜	六百人	三天二夜	四十人
	經核准者，發給入境效期十五日，出境效期金門一天、馬祖二天（自入境次日算起）之「團體」往來金、馬旅行證。			

註：第一類：包括商務、學術活動、探親、探病奔喪。第二類：旅行。

澎湖通航，專案核准

在確保國家安全前提下，針對澎湖經建需要，以專案核准方式開放「特定項目」做為澎湖地區與大陸地區進行試辦「通航」項目，其規劃如下：

包括自大陸地區專案進口特定貨物（如砂石），兩岸文化交流活動（含宗教活動），專業訓練活動或參加會議，發展電腦軟體園區，兩岸農漁業合作以專案核准方式逐案進行。

中長程則配合兩岸「三通」進程，開放澎湖與大陸正常經貿往來，建設澎湖成為國際觀光、遊憩度假及會議中心。

從以上「小三通」的規劃進程、範圍、內涵與方向分析，受限於兩岸關係發展的大環境因素者多，地方政府與民意機關可以置喙影響決策的機會少，因此推動初期，每每流諸於有口惠而無實惠的批評，讓金馬地區居民深刻感受到雖有立意良善的方案，卻始終不能感同身受其實質的好處。

四、媽祖信仰

媽祖信仰，遍佈全臺

媽祖信仰，自先民從大陸東南沿海來臺，經明鄭、有清、日據時期，乃至國民政府。三、四百年來雖經歷不同政權的遞嬗變動，不但在清朝時臺灣已然是當時奉祀最盛、廟宇最多的省分；發展至今，每年從農曆春節期間開始，各媽祖宮廟內鼎沸的人潮，以及到三月二十三日媽祖誕辰前後，一波波的廟會活動、遊藝陣頭紛然並出。洶湧的人潮車潮，伴著香火嬝嬝構成一幅臺灣特有的「三月瘋媽祖」畫面。

早在清朝時期鎮瀾宮即有湄洲進香的活動，大約每二十年就會號召信徒一起到湄洲進香。當時是從大安港搭船直接駛往湄洲，這項活動一直延續到日治期間，大安港廢港，總督府嚴禁臺海兩岸往來，湄洲進香的活動也就停頓了下來。

開臺媽祖，返回湄洲

「開臺媽祖」在一九九六年四月間舉辦的和平遶境離島活動曾到金門，二〇〇六年再經金門「小三通」回到湄洲，隨行信眾都非常興奮，期盼媽祖繼續庇祐兩岸和平。

除了新港奉天宮外，走空路搭機到金門中轉的還有大甲鎮瀾宮、花蓮港天宮、基隆聖天宮、臺中樂成宮、南投慈善宮、竹南慈裕宮、員林福寧宮、虎尾天后宮、虎尾福安宮、麥寮拱範宮、嘉義朝天宮、高雄寶瀾宮、蘇澳南天宮、北斗奠安宮、武元宮等，總共有一千三百餘人，使得當天金門水頭碼頭人氣旺盛、神氣十足。

金門媽祖進香團自二〇〇一年「小三通」啟航以來，已有四次自金門包船直航湄洲，分別為二〇〇二年五月間迎送媽祖金身、二〇〇五年四月間則是參加湄洲媽祖聖誕活動等。

二〇〇二年五月，湄洲媽祖金身首次巡安金門，在金門掀起了「媽祖熱」。同年七月二十三日，澎湖縣長賴峰偉率二百五十七名信眾乘船直航泉州天后宮進香，兩天后百年來首次相會，同時間泉州市組織護駕團一行十八人，和澎湖信眾由泉州后渚港直航澎湖，實現了泉州與澎湖海上直航的突破。此後，臺閩之間有密切傳承關係的傳統地方戲劇交流也開始活躍起來，每年都有一批富有地方特色的優秀劇團赴金馬澎演出。

馬祖鼓板，湄洲謁祖

二〇〇七年五月十七日馬祖進香團直航湄洲，並至祖廟謁祖進香，祖廟於當天上午吉時特別安排祭祀大典，雙方動員超過一千人，熱鬧非凡的盛大場面，讓不少初來湄洲的鄉親為之震撼；同樣的，「馬祖鼓板」與「電音囝仔」兩項突破傳統的演藝活動，也讓湄洲民眾目瞪口呆，也算是一次另類的民俗交流；大典及演藝活動後，全體團員都紛紛聚集在天后廣場上到處拍照留念，紀念自己曾經參與這歷史性的一刻。

隆重的祭祀大典結束後，馬祖直航進香團圓滿達成任務，主委曾林官及長老們在祖廟舉行簡單的起駕儀式，要將媽祖金身移駕馬尾，湄洲祖廟方面比照歡迎時列隊歡送；所有進香團成員從下榻旅社出發，以步行方式跟隨著歡送隊伍及媽祖神轎，緩緩朝著船運碼頭前進，五百人及所有神轎、旗幟、道具，分別搭乘三艘交通船隻離開湄洲島。類似這樣的場景，近年來已有多次，充分反映兩岸在媽祖信仰上的水乳交融。

共鬧元宵，共度秋節

七年來，自「小三通」啟航後，共有泉州高甲戲、南音、木偶劇團，福州閩劇院、曲藝團、歌舞團，廈門市小白鷺劇團、金蓮升高甲戲劇團以及福建省雜技團等十餘個文藝團體，一千多名演藝人員先後赴金門、馬祖、澎湖等地進行交流演出。每年的傳統節日，連續舉辦「兩馬同春鬧元宵」、「兩門海上慶中秋焰火晚會」等活動。

此外在泉州市郊更大手筆興建「閩臺緣博物館」，強調閩臺一家親與同根同宗的「五緣」

布展主題，已於二〇〇六年五月落成啟用，招攬臺澎金馬及華僑觀光客，凡此舉動無非都是想拉近兩岸人民的情感距離。

第四章

搭起「橋樑」的紅十字會

一、和平對話

「紅十字會」是全世界組織最龐大的志願救援組織，目前世界上一百八十一個國家設有「紅十字會」，總共超過一億名會員與志工，該會七個基本服務原則：人道、公正、中立、獨立、統一、志願服務及普遍。

我國「紅十字會」成立至今已屆百餘年，從清末民初戰事的救助與救濟服務；七〇年代推動疾病的預防與保健；八〇年代以人道關懷為兩岸的交流奠下良好基礎；九〇年代推動各項救護訓練工作；現階段則推展各項尊重生命、社會關懷的服務工作等，經由該會志工的努力，並以博愛、人道的精神，力行救濟賑災的善行，深受國人肯定。

臺灣地震，改變關係

我國與國際紅十字會的關係早在一九四九年即發生重大改變，同年聯合國通過日內瓦公約，國際紅十字會要求會員國都要加入日內瓦公約成為締約國，但由於當時國共內戰，政府遷臺，加上政局混亂，立法院遲遲未通過公約，而中共於一九五六年簽署日內瓦公約，正式成為國際紅十字會的會員。由於該會七大原則中有一個原則是統一，也就是國際紅十字會希望每個國家由一個「紅十字會」統籌協調，因此一個國家只承認一個「紅十字會」，由於中共先簽署公約，因此就順理成章取代中華民國紅十字會。

此後，因為中共的杯葛，我國「紅十字會」始終無法恢復會籍，所以過去國際紅十字會跟臺灣的關係較為疏離，除了國際間發生重大災難，我國「紅十字會」接受邀請參與援助外，雙方平時很少交流，但是這個情況在一九九九年的九二一大地震時完全改觀。當時國際紅十字會除了提供緊急救援物資外，於同年九月二十四日向全世界發起勸募活動，一共募集到四千六百萬美元，折合新臺幣高達十六億元。這是國際紅十字會有史以來對單一地區、單一災難提供最大一筆的援助。

後來，為了協助臺灣災區重建，國際紅十字會還派一位專案經理常駐在中華民國紅十字會總會。這筆援助經費的運用，大約有十多億元陸續用在災後應急以及災區復建，包括興建組合屋、發放日用品、發放生活費，以及興建南投縣仁愛鄉衛生所及災區十所小學等。

兩岸紅十字會，往來密切

臺灣紅十字會成立於一九五四年，至二〇〇三年十二月底已先後成立二十五個縣市支會，其中臺灣省、臺北市與高雄市為分會，金門縣支會與連江縣支會直接隸屬於總會。由於中國大陸也是國際紅十字會的會員，但兩岸會員並無直接溝通管道；直至一九八八年雲南發生大地震，我方會員透過東亞地區代表協助伸出援手，開啟兩岸會員交流的關係。尤其，近年來適逢國內開放老兵返鄉探親，但在政府「三不政策」前提下，與中共當局「不接觸、不談判、不妥協」；所幸兩岸「紅十字會」組織長期基於人道立場，適時協助久別家鄉的老兵尋人、轉信、匯款等服務，充分發揮服務兩岸人民的階段性功能，促成數以萬計的老兵得以一圓天倫夢。

一九九〇年九月二十日兩岸紅十字組織在金門進行談判並簽署「金門協議」時，臺灣的紅十字組織就叫做「中華民國紅十字會」，但在參與談判並簽署協議時，均除去「中華民國」一詞，而代以「臺灣」。在談判過程中，雙方曾就臺灣紅十字會的名稱問題有過爭論，當時臺灣紅十字會祕書長陳長文曾一度主張要使用「中華民國紅十字會」的名稱，後來，經雙方商議，各讓一步，決定商談的主體使用「海峽兩岸紅十字組織」一詞。而在各別敘述時，大陸稱臺方為「臺灣紅十字組織」，而臺方則仍自稱「中華民國紅十字會」。

誠然海峽兩岸分屬不同政體，近年來雖有「海基會」與「海協會」作溝通平臺，但礙於政治因素影響，「兩會」協商功能幾乎形同虛設，仍靠「紅十字會」志工默默為兩岸人民搭建溝通服務的橋樑。因此近年來兩岸「紅十字會」同仁在查人轉信、遣返見證、人道救援以及交流交往等方面的合作成果，相當豐碩。

二、「金門協議」的簽訂

民間協議，解決偷渡

「金門協議」雖然是以兩岸紅十字組織的名義簽署的協議，但卻得到兩岸官方的認可和授權。一九九〇年十月八日，雙方根據「金門協議」第一次順利進行了海上遣返工作，首批五十五名私自渡海來臺的大陸居民從馬祖回到了福州馬尾港。

根據該項協議，大陸方面應在二十天內將偷渡犯接回，其間大陸方面一度平均要一百三十天才接回一批，以致造成我方必須承擔偷渡犯在臺的一切花費及其衍生的問題，造成很大困擾。即便雙方遣返工作不是很順暢，至二〇〇七年十月間，十六年間共安排二百餘批，人數達四萬九千餘名大陸人民違反入境，均循「金門協議」的模式順利完成遣返任務。

近年來，兩岸關係發展的演變，幾乎都從兩門與兩馬互動中表現出來；兩岸之間的許多重大事件，也直接在兩門與兩馬之間展開各種協商，才得以順利解決。

兩門協議，固定航班

「兩馬」之間的首次客輪直航於二〇〇一年一月二日實現。當時，馬祖五百零七名進香客組成的「馬祖—馬尾—湄洲平安進香團」，乘臺馬號輪船從馬祖直航馬尾。此後，福州馬尾經濟文化交流合作中心與馬祖地區代表曹爾忠等代表，於二〇〇二年一月二十八日在福州簽定了「兩馬協議」。該協議具有區域性的協商意義，雖然一度引發陸委會不以為然，甚至要議處連江縣交通旅遊局局長，最後僅以口頭申誡方式結案，該項協議代表兩岸民間交流與合作機制的正式啟動。

三、居中協調的角色

自二〇〇一年「小三通」啟航以來，兩岸紅十字會協助醫療或人道救援案，已超過六十多件，協助急難救助人數近百人，其中約九成是臺商。值得注意的是，由於臺商走「小三通」，比經港、澳更為省時、又省錢，已成為國人往來兩岸的捷徑，因此，強化「小三通」急難救助機制，擴大人道關懷服務，實在是刻不容緩的課題！

兩岸紅十字會為更有效處理兩岸之間發生的各項緊急情況，於二〇〇二年十月十四日在北京商談並簽署「會談紀要」，雙方同意兩岸紅會之間建立緊急聯絡救援機制，並設置專用聯繫電話、指定聯絡人，以便在緊急情況或必要時能立即運用此機制，展開醫療援助或提供即時的人道救助。

賑濟救護，不遺餘力

金門縣支會於二〇〇〇年三月十二日成立，依「中華民國紅十字會法」第四條第二項宗旨，除積極參與國內外災變賑濟救護之任務外，平時則依第三條規定，協助政府辦理有關預防疾病、增進健康及減免災難的服務。

該會為擴大服務功能，重視急救、水上安全救生及家庭保健訓練，平常加強招募志工，以因應服務任務的需求，以肩負起「紅十字博愛服務」宗旨，積極投入兩岸人道救援等社會公益事項。

該會成立的時代背景與金馬推動「小三通」同時，多年來非常熱心穿梭於兩岸進行各種人道救援工作，其重要服務成果，包括協助處理海難浮屍治喪運送工作計二十四位，先後啟動兩岸緊急醫療救護，經由「小三通」客輪及SOS專機中轉臺北就醫計七位。協助聯繫安排遣返見證交接大陸人士，包括私渡、走私、岸際貿易、越區捕魚、撿螺、採蚵等，共計三十八次二百七十九人。

逢年節派員慰問金門監獄、岸巡總隊、海巡隊收容的大陸同胞，並致贈慰問金等，計一百二十九人。協助兩岸離散失聯同胞鄉親尋親等三十一件，組團與福州、廈門、泉州、漳州等進行民間友好交流等二十五團次，計七百五十四人。協助滯留福建高齡金門同胞返鄉省親活動，計六梯次四百人。

金門紅十字支會目前在會長王水彰及金門縣愛心基金會許金龍董事長的帶領下，全力投入兩岸人道救援工作。

至二〇〇六年底，六年來在金門「紅十字會」經手的人道醫療救援的六十個個案中，臺商約占九成，而這項常態性工作，已成為該會沈重的負擔，該會希望能爭取到陸委會等單位資源補助，以利常態化人道醫療救援業務的執行與推動。

紅十字會精神，不分兩岸

連江縣支會於二〇〇三年十二月二十六日成立，由於馬祖鄉親長期以來一直都有從事「紅十字會」的工作，但卻一直缺少「紅十字會」的組織，因此，在該會成立時，曹爾忠立委也以「一日為紅會人、終身做紅會事」與全體的會員共同勉勵。該會首屆會長為曹爾忠立委，副會長為陳振清議長、陳兆鎮先生。該會目前有三個義工團體，分別為青少年服務隊、水上救生隊及緊急救護隊。

二〇〇四年七月間，臺商黃原林及其母親首度以「小三通」模式中轉後送，桃園鄉親許文德於七月初前往大陸遊玩因不慎摔傷昏迷，由於許先生年事已高，希望回臺妥善醫治，請求我方予以協助；基於人道立場，陳雪生縣長立即聯繫衛生局、縣立醫院、紅十字會等單位及航運業者共同配合，讓這次病患中轉能順利執行，及時發揮兩岸緊急醫療合作角色。

人道遣返，兩岸合作

二〇〇四年三月四日，第九岸巡總隊在金門「紅十字會」的見證下進行遣返，由大陸「民間漁船」接回十六名男、女大陸客，而大陸「紅十字會」以這種遣返模式違反「金門協議」精神，曾要求立即暫停，使行之有年的遣返作業，一度面臨被迫中止。

二〇〇五年八月二十七日，海巡署執行的「晴空專案」期間，據馬祖海巡隊統計，專案實施以來，共押回大陸漁船七艘及包括違反漁業法的大陸漁民四十八人。

二〇〇六年一月四日，薛球和張錫銘犯罪集團幕後主腦之一「目仔興」林振興，刑事警察局透過兩岸「金門協議」，經由馬祖押解返臺。

四、兩岸尋親的感人故事

自「小三通」啟航以來，兩岸感人肺腑的尋親故事就不斷在上演。

兩岸隔絕，探親之路

兩岸隔絕一甲子，在金門早期生活艱苦時期，不少小孩被送去廈門抱養，生死未卜。「小

三通」開啟兩岸往來方便之門，有些當年的童養媳有機會在離開家鄉七、八十年後，回到金門故鄉，這樣的場景令人十分感動。

二〇〇六年九月二十三日，金門縣愛心基金會和「紅十字會」再度策辦「廈門四位高齡阿嬤相招回娘家會親」的活動，此次回到金門探親的阿嬤，分別是九十一歲何素綢與八十六歲何搵皮姊妹、九十五歲蔡連贅以及八十六歲許信，四位老阿嬤歲數加起來有三百五十八歲。

兩岸關係阻斷五十餘年，造成許多親人骨肉分離。近年來，經由金門紅十字會幹部大力奔走協調，不僅專程送輪椅到廈門，並一路協助完成返鄉尋親的事跡，一再上演；二〇〇七年一月上旬，又有多位滯留大陸數十年的鄉親老阿嬤，亦在「兩門」紅十字會與慈善單位的協助下，踏上金門返鄉探親之路。

兩岸尋親，不斷上演

老家在金門的九十四歲福建惠安阿嬤鄭勸，十九歲居孀，二十歲隨後夫到惠安，從此一別家園七十四年，二〇〇六年六月八日由於金門與泉州「小三通」首度開航，老阿嬤向新聞媒體披露她是金門人，想要回老家探望及尋親的心願，引起兩岸善心人士關切，順利促成及協助老阿嬤回娘家的心願。

鄭勸及其親人是在二〇〇六年七月十七日，自廈門搭船到金門，停留期間曾回到金城鎮南門里，雖然已經找不到親人，老家的人事景物全非，不過，來自社會各界的關心，讓老阿嬤心裡很感動。

協助鄭勸老阿嬤回家鄉的金門縣愛心慈善基金會董事長許金龍表示，在福建一帶還有數十位金門籍的老鄉親，因兩岸戰亂的隔絕，沒有戶籍因此回不了老家，愛心基金會將繼續募集經費，啟動人性關懷的愛心機制，協助這些鄉親也能循鄭勸老阿嬤的模式，一償回金門老家探親的心願。

五、人道救援刻不容緩

由於離島的醫療資源先天不足、後天失調，好不容易才爭取到夜駐直升機的機制，讓緊急傷患能立即後送臺灣就醫，提供離島百姓生命安全多一層保障。或許，金門備有夜駐直升機的目的，主要是提供當地民眾危難救護之用，並不包括數十萬旅外臺商、以及每天數千「中轉」過境的旅客；衛生署否決臺商申請緊急醫療直升機，再次彰顯兩岸「小三通」緊急救援機制，需要相關單位正視其迫切性。

名模墜馬，媒體騷動

二〇〇五年七月下旬「臺灣第一名模」林志玲，在大連市因發生拍攝廣告不慎墜馬事件，兩岸出動「國際SOS救援中心」專機，從大連經香港運回臺北就醫。雖然，大陸航空器不能飛進臺灣領空，北京SOS醫療專機只能飛到香港，再由受委託的華航派出空中巴士A300—600R型客機，經局部改裝成醫療救援專機接駁，讓名模林志玲平安舒適回到臺北就醫，此事件引發兩岸媒體高度重視與大幅報導。

所謂「國際SOS救援中心」，是全球最大的醫療救援及健康管理組織，服務對象包括個人、旅行團體以及旅居國外的移民者。總部設在倫敦和新加坡，在臺灣亦設有分公司。因醫療專機需醫護人員隨行，且需要配備相關醫療設備，所以，出勤一趟救援行動，至少要花費十一萬至十五萬美金，相當於四、五百萬臺幣，非一般平民百姓所能負擔。林志玲事件雖不是採「小三通」緊急救援模式，卻凸顯出建立兩岸醫療救護機制的急迫性。

臺商事件，客死異鄉

二〇〇五年八月上旬有一位劉姓臺商在福州市發生腦溢血，在大陸醫院動了兩次腦部手術後，在金門與廈門兩岸「紅十字會」協助下，經「小三通」中轉準備送回臺灣治療。然而，卻因申請護送直升機遭到衛生署否決，因此在金門多耽擱一天，不幸因突發急性腎衰竭客死異鄉，其家屬趕到金門處理善後，於同年八月八日召開記者會控訴衛生署草菅人命，相較於先前名模林志玲動用國際醫療專機由大連送回臺灣，兩者待遇簡直有天壤之別！

金馬地區長期醫療資源不足的窘況，以及醫療品質缺乏應有的保障，尤其是急重症病患緊急後送遭遇的難題，一直是地區鄉親們內心的痛。廈門海滄長庚醫院於二〇〇七年十月開幕，金門縣政府正積極推動急重症病患空運廈門長庚的構想，希望藉由廈門長庚醫院加強離島醫療、衛生合作與緊急救援工作。

人道關懷，互助共濟

二〇〇七年一月三日在香港外海發生中國籍「閩東漁四〇二〇號」漁船沉沒事件，船上五名中國船員獲救後，暫由臺中港移民署人員安排收留，經海基會協助並聯繫相關單位後，便於二〇〇七年一月二十日在該會人員陪護下到達金門，經由「小三通」管道搭船返回廈門，兩岸同胞都經由「小三通」踏上回家的路，再次彰顯兩岸人道救援機制的急迫性，亟待建立常態化的運作機制。

在金門「紅十字會」二〇〇六年十二月出版的《用愛走過十五年》一書中說：「在海峽兩岸稜線上，五千四百七十五個日子一路走來，有欣喜，有振奮，也有感嘆。我們讓人道關懷、互助共濟溫暖兩岸人間」。

總之，兩岸「紅十字會」能在充滿敵意的時期，充分扮演溝通協調的角色，而且還能獲得雙方政府和人民的信任，關鍵就在「紅十字會」堅持公正中立的立場，而且始終如一。如今基於兩岸人道的考量，有關經「小三通」緊急救援衍生的人員往來的服務需求，更應早日常態化，以符合救援時效與人道原則。

第五章

「小額貿易」？走私？

一、兩岸小額貿易由來

前國家安全會議秘書長康寧祥曾表示，對臺灣安全最大的威脅，其實不是中共那看得見的四百多枚導彈，而是看不見、在兩岸之間來來去去的海防漏洞。

專欄作家劉益宏亦曾說過：「臺灣的治安必須靠中共幫忙維持，每當福建的邊防嚴格一些，臺灣的大陸偷渡犯就大幅減少。邊防政策一鬆，偷渡犯就急遽增加。大陸偷渡犯害怕的是遭遣返後回家受罰，不在乎在臺灣落網後送到『靖廬』。一旦大陸開放邊防，不再禁止民眾前往臺灣，臺灣就立刻人滿為患。」可見兩岸邊防治安有非常密切的關係。

明修棧道，暗渡陳倉

在兩岸接觸還是禁忌的年代，「小三通」卻早已是「明修棧道，暗度陳倉」，禁也禁不了，甚至已化暗為明，金馬街道上不論店家或攤販，大陸農漁、百貨、雜糧、酒類等，也都公開陳列。實施「小三通」後，大陸貨一度更加猖獗。走私大陸貨是賺錢的方法之一，由於大陸貨品價廉普及，在一買一賣之間，走私者就可從中賺取價差。

當地居民都知道小金門東西比較便宜，於週休二日時，特地搭船到小金門採購，初期以食品蔬果為主，後來則是日用品、衣服等，應有盡有，連到金門觀光的觀光客都要駐足購買，觀光業者乃藉此大作宣傳「小額貿易採購團」，「俗」又大碗；農曆新年，常常可見臺灣旅客到金門觀光，順便辦大陸年貨的情景。

小額貿易，貨通有無

中共於一九九三年九月，由對外貿易經濟合作部、海關總署頒布「關於對臺灣地區小額貿易管理辦法」。一九九八年五月，中共國務院正式批准設立大嶝對臺小額貿易交易市場，該市場設有商品交易、倉儲、簡易加工和綜合服務，為兩岸小額交易提供便利平臺。同時大陸設有「對臺貿易單位」，其中，光在福建沿海各地所設據點，就達十六處之多。當中，又以大嶝島小額貿易特區最大，其次為劉五店、晉江市圍頭、廈門市東渡。因此金馬地區小額貿易風氣盛行，可謂其來有自。

自九〇年代起，兩岸的小額貿易已在金廈海域，藉由海上漁民的交易悄悄展開了。對大陸而言，海上貿易分兩種，一為兩岸皆認為是非法的「走私」行為，二是已經合法規範的「小額貿易」行為；但對臺灣而言，無論是所謂的非法「走私」或是「小額貿易」，早期都被認定是非法的行為。兩岸間的海上交易，早期是以臺灣的電子計算機交換大陸農、漁產品，而演變至後期，大陸消費水準日益提高，高價電子、通訊產品、汽機車零件、引擎等成為主角，而臺灣輸入則為手工藝品、日用品及工業產品為主。在交易產品部分，「對臺小額貿易」所經營的貨物，出口限於非國家專營及非進出口配額許可的貨物，進口僅限於原產地為臺灣的貨物，大陸海關在必要時可要求審驗產地證明書。在金額方面，每船每航次進出口限額各為十萬美元，交易時主要採「以貨易貨」的形式進行，並以美元計價；若是用現匯方式進行，則要以大陸允許兌換的外幣進行結算。

彎靠船隻，百噸以下

關於船隻部分，限於一百噸以下的臺灣船隻，必須在臺灣地區已正式註冊、可供在海上進行正常作業和航行的載體；對於彎靠的船隻、進出口貨物及船上人員也必須接受當地海關、邊檢及其他港口聯檢部門的監管，並且依大陸海關有關徵稅規定繳納稅費。另外，貨物與使用船隻，均被要求不能出現違反「一個中國」的字樣、旗、徽、號等標記。

簡單地說，雖然「對臺小額貿易」有別於一般的正常貿易管道，但仍必須在官方的監管下進行，並繳交相關稅費，否則對臺貿易公司輕則警告、撤銷經營資格，重則以「走私」論處，追究刑責。

大嶝市場，交易熱絡

大嶝交易市場設有商品交易、倉儲、簡易加工、綜合服務等區，採取封閉式的管理。首期開發八萬平方公尺，共規劃四百七十八個店面，每個店面分上、下兩層，面積為六十三平方公尺，另外設有海關監管大樓、邊防工作站、臺輪停泊點及保稅倉庫等。正式營運後，因為可以免稅購買臺灣商品，深具吸引力，消費人潮熱絡，營業店家高達三百餘家，初期每月平均消費人數達十萬人，成交金額高達人民幣一千萬元。

自大嶝交易市場成立以來，二年間進出口成交總值達二億人民幣，臺灣商品輸入部分也在八百萬美元以上。然而時至二○○○年十二月，每天市場遊客所剩無幾，店家疏落，偌大的市場只剩下一百五十餘個店家苦撐待變，與開幕初期的盛況，已不可同日而語。

表二　大嶝對臺小額商品交易項目

糧油食品類	糧油製品、食用動物及其產品、食用植物及其產品、水產品、食品製成品。
土產畜產類	茶葉、咖啡、可可、香料及香料油、山貨、畜產品、菸類。
紡織服裝	紡織品、絲織品、服裝。
工藝品類	陶瓷、地毯、裝飾掛毯、工藝品。
輕工業品類	家用電器、鞋帽、文具、體育用品、日用五金器皿、鐘錶、家具、日用染品、紙品。
醫藥品類	中成藥、藥酒。

二、兩岸除罪化認知不清

開放「小三通」之後，很多民眾、觀光客對於「小額貿易」除罪化認知不清，甚至認為「私渡」前往大陸也不犯法有罪，因此造成犯罪案件上升。從許多查獲的案例中，也曾發現有接受輔導的青少年，輟學參與協助父母走私，其間百姓與政府的認知觀點，有相當大的落差。

走私也好，小額貿易也罷，與那些灘頭交易的常客比起來，巡警不僅顯得人單勢孤，可運用的工具，更是少得可憐，「我們只能在岸邊驅離大陸漁民」，巡警說得有些無奈。你來我走，在尚未開放「小三通」的金門海岸線上，巡警追著交易客的行蹤，疲於奔命，官兵取締不了違規的民眾，上岸的貨物也管不著，實在十分荒謬而且諷刺。

大陸漁民，有利可圖

金門四面環海，北、西、南三面為大陸所環抱，金廈近在咫尺，經過金門私梟指點並累積多年走私經驗後，大陸漁民對金門地區的水文航線瞭若指掌，甚至比我方巡警還熟悉。他們熟悉海巡單位船舶無法經常巡邏的西、北海岸，加上岸巡總隊人力與經驗不足，經常乘隙侵入金城南門海濱、慈湖、北山、隴口、瓊林、中蘭、西園、官澳、山后一帶的漁蚵港，兜售各類物品，「官兵捉小偷」的場景，經常於此地上演。

金門海邊的小額貿易，早就存在於「小三通」之前。最早是海上交易，金門漁船到海中接應大陸漁船，漁家不必撒網捕魚，而是從海上就可交易大批魚貨，轉賣給餐廳、市場。後來，大陸漁船直接靠岸，就在沙灘上討價還價，做起買賣來。為了躲避海巡隊，買賣雙方皆養成眼明手快的習慣，通常一手交錢一手交貨，交易動作迅速。

大陸貨品，琳瑯滿目

在「小三通」正式啟動後，小額貿易除罪化的問題並沒有立即獲得解決，因為岸邊的走私，仍然有其吸引力。外套一件二百，皮鞋一雙二百，福奶奶花生十包一百，奶油瓜子十包一百，水果一箱二百，巧克力糖果十包一百。村莊裡會有服務到家的中盤商，主動到各家戶關心缺少什麼日常用品，然後統一叫貨，今天電話訂貨，明天大陸貨品馬上就會送過來。

金門小額貿易地點主要集中在西海岸及北海岸一帶，根據警政專家翁宗堯的研究，歸納主要原因有：從事小額貿易大陸漁民以居住大嶝島、歐厝等一帶人士居多。海洋巡防總局第九海巡隊對於上述海域巡邏密度，限於客觀因素，常無法適時出現。兩岸雙方買賣組織已形成，例如互相結拜、互認義親，形成大中小盤販賣網等。貿易種類五花八門，包括農、漁、畜、林業、電器等產品，可說應有盡有。

三、馬祖「北海艦隊」傳奇

走在馬祖最熱鬧的街道上，十幾家商店裡販賣的商品，從喝的酒、抽的菸、吃的南北貨到欣賞用的各種仿古藝品，幾乎都是從二十海浬對岸的馬尾港運過來的，兩馬之間五十分鐘的船程，往往早上開單訂貨，到了下午就可以把貨送過來。

「青島啤酒，一瓶二十五元！」南竿介壽廣場，一家名為「三通名產」的老闆王先生如此吆喝著。王老闆不厭其煩向臺灣顧客解釋：「青島啤酒合法進口一瓶要五、六十元，但當地買不到，市面上都是海上貿易來的！」當地人士說：「高風險換來的，當然要有回報！」「包括吃的、喝的，馬祖都是小額貿易的天下！」當地旅館業者蘇小姐說，看看菜市場，幾乎都是「小額貿易」來的。

北海艦隊，應運而生

近年來，由於大陸漁民紛紛越界至馬祖海域炸魚，除了嚴重破壞海洋生態外，馬祖居民海上生計屢遭威脅，已使島上居民生計困難，大陸船隻以流刺網捕魚，致使部分漁民放棄原有的謀生方式，改以利用漁船搭載民生物資穿梭於馬祖海域間，進行小額貿易。在兩岸開放往來後，通商和探親人數迅速增加，當地漁民組成了負責兩岸運輸船隊，號稱「北海艦隊」。

由於海上交易主宰了馬祖的經濟命脈，這支由北竿鄉漁民船隊組成的「北海艦隊」，曾一度肩負起供應當地民生物資的重責大任。北竿鄉漁民在海上漁業資源衰竭後，大量從事海上交易，或以手機或對講機向大陸方面訂貨，雙方交易時間大多選擇在凌晨時分，而貨物分量則以一小時內可以搬運完畢者為限。

在大陸方面，也因應需求在福建沿岸設有「對臺小額貿易港口」，只要符合大陸規定，報關後就可以直接載貨進去。過去幾年來，儘管海巡署查緝走私，但對於「北海艦隊」的貿易行為，大多是「睜一隻眼、閉一隻眼」，因此白沙港曾一度欣欣向榮。不過在二〇〇五年十月實施「晴空專案」海上查緝行動後，已經使得「北海艦隊」幾乎停擺，影響層面擴及相關行業達百餘個家庭的生計。

晴空專案，盛況不再

根據馬祖籍立委曹爾忠的說法，「北海艦隊」全盛時期有二十六艘，在以往每月可載運三至四千噸物資中轉至大陸，同時換回農漁產品等。至二〇〇五年一月間，中共發現法輪功通訊器材是經由「小三通」管道進入大陸後，曾一度停止海上交易，事後雖查出這些器材是透過金門地區中轉，但海上交易仍受到波及。

加上海巡署加強執行「晴空專案」以來，亦導致「北海艦隊」無法從事以往存在已久的海上運輸；由於小額貿易對馬祖的經濟效益影響很大，許多周邊產業，也多賴以生存，如商船運輸、裝卸工人、車行及地區的消費者，都會受到影響。目前每月交易量，只剩下一千多噸，早已不復昔日盛況。

法務部長施茂林於二〇〇七年六月十三日表示，離島地區走私問題嚴重，走私漁船規模已龐大到當地人暱稱為「北海艦隊」，面對國際毒品轉運路線的變更，離島地區容易成為轉運管道，他已要求檢察司、政風司協調海巡署等單位，強力打擊離島地區走私犯罪及防制毒品轉運情形。

施部長表示，離島地區因社經、人文狀況和臺灣本島不同，犯罪形態和犯罪手法也不同，離島地區檢調機關應依因地制宜原則，針對不同案源，如澎湖地區應著重維護海洋資源及生態環境，馬祖地區因漁民私自從事兩岸小額貿易，造成走私問題嚴重等，應積極查辦。

四、走私偷渡五花八門

警政專家翁宗堯指出金門與大陸走私偷渡形成的因素，除了地理因素外，其餘在政治、經濟及社會因素有所不同。例如在政治上，大陸使用人海戰術，縱容偷渡，並且利用走私偷渡私運槍毒，以為滲透破壞的手段。在經濟上，大陸福建沿海漁村謀生困難，直接影響到偷渡意願，而利用走私逃稅牟取暴利則為兩岸私梟所覬覦。在社會因素上，大陸城鄉差距貧富懸殊，失業問題嚴重，不少人偷渡到臺灣為尋求出路，而臺灣民眾消費能力強，市場銷售良好，為走私者看好。

金門與大陸福建沿海因地理位置非常近，均以水路走私，依據金門縣警察局督察翁宗堯的研究分析，可歸納其常見的走私物品、時機及方式如下：

走私物品，應有盡有

大陸私貨進入金門市場舉凡各種酒類、茶具、木雕、藥材、佛像、文房四寶、豬、羊、牛肉、刺繡、掛圖、陶瓷藝品、衣服、花生仁、干貝、香菇、蒜頭、漁產、農產、蔬菜等五花八門，尤以花生仁、蒜頭等農產品為走私品的大宗；工藝品、藥材、酒類則最早進入地區。而走私往大陸市場者有電子零件、電器、布匹、雨衣、飲料、洗髮精、甲魚等。

兩岸試辦「小三通」初期，小額貿易情況仍相當頻繁；岸際貿易物品則包羅萬象。以水果、白米、蔬菜、南北貨、工藝品、民生物品、酒類、藥材等為主，金門民眾在誤解政策進度及好奇心驅使，以及大陸漁民誤傳金門已開放直接小額貿易的推波助瀾下，交易日盛，交易地點大量集結圍觀民眾及觀光客，蔚為奇觀。

二〇〇二年十月七日，臺中地檢署指揮調查局中機組曾在臺北縣查獲由金門轉運到臺的安非他命半成品一百二十公斤；同年五月十一日，金門檢調單位查獲一金門私梟走私海洛因磚三公斤，以上這些人與毒品大都來自大陸，或與大陸有密切地緣關係。

走私時機，迎合市場

㈠市場需求：逢年過節：年節時貨物需求量大時，是海鮮、洋菸、酒類、蒜頭等走私最佳時段，因其銷售快，庫存風險小。㈡業者需求：金門貢糖的製造主要原料為花生仁，由於大陸價格較臺灣低一倍，市場競爭力強，且觀光市場貢糖需求量大，成為走私主要貨品。㈢賺取價差：私貨與臺灣之間價格差距過大時，如往昔之洋菸、酒類、蒜頭缺貨時，因為價差極大，有厚利可圖，使商民利用貨櫃、郵寄、航空托運，或打入特產店、觀光點零售，由旅客少量攜帶返臺，方法不一。㈣民生需求：兩岸漁民養殖魚苗缺貨時，如鰻、蝦、甲魚等，均曾互通有無，雖然價差不大，但仍有人投資冒險。市場蔬菜什貨價格偏高，臺灣供應不及，由商民逕向大陸走私供應，如芋頭、豌豆、牛羊肉及其內臟等，均曾查獲。

走私方式，直接搶灘

㈠衝山型：指金門地區私梟以電話或以漁船直赴大陸地區向大陸貨主訂貨，約定時間、地點及貨物，由大陸貨主僱用漁船將貨物利用漲潮時段，於夜間以行動電話聯絡本地私梟接應，直接搶灘運抵金門；亦有大陸買主向金門私梟訂購臺製各類電器，由金門當地私梟將物品載運至岸邊，等候大陸漁船及挑工前來接貨。㈡丟包型：意指大陸貨主將私貨載運至指定海域或海灘拋下訂購物品，由本地私梟或購主伺機打撈上岸或前往載運。㈢岸際貿易型：此類交易是配合金門地區潮汐，大陸漁民載運貨物沿岸兜售，一般多以「子母船」組成。

偷渡方式，形形色色

想來去金廈兩地，不論是以大陸舢舨船或是金門海釣船，只要透過熟識的人，電話一打，隔沒多久就可找到船，尤其金廈兩地同文同種，在穿著打扮方面，與臺金兩地幾乎沒有兩樣。

金門與大陸福建沿海僅一水相隔，因此金門與大陸福建沿海偷渡方式均利用海路、空路及陸路方式幾乎不可能發生：包括泅水上岸：金門與福建距離相當近，利用漂浮物輔助，可以直接游泳至對岸。例如一九九七年六月二十四日凌晨四時許，金門縣警察局就查獲住廣東省普寧市林姓男子由廈門市游泳至小金門湖井頭上岸的案例。㈠僱用大陸漁船：偷渡客花錢雇用大陸漁船，直接往來金門與大陸，這是目前最常見的偷渡方式。㈡乘坐金門船舶：此方式係金門漁船經過合法出境報關程序由漁港出海，卻直航前往大陸地區，即「假捕魚、真旅遊」。由於大陸沿海對臺灣、金門籍漁船及船員並不管制，靠岸後只要繳納規費及辦理簡便手續即可上岸停留。

偷渡目的，謀利為主

大陸人民偷渡來金門的目的，與金門或臺籍民眾偷渡前往大陸的動機是完全不同的。根據查獲案例，大部分大陸人民偷渡來金門都是要找工作，但因金門本身就業市場不大，因此多半屬於中轉性質，也就是說經過蛇頭安排搭船到金門後，再持偽造身分證件，搭乘飛機前往臺灣。另有從事犯罪者，如大陸女子來金門轉赴臺灣賣淫，政治因素如投誠則占少數。金門籍民眾偷渡到大陸的動機不外乎旅遊、從事私貨交易、投資生意等。而臺籍民眾除了旅遊外，因案通緝無法出境或犯案後企圖逃避追緝之嫌犯，想要偷渡到大陸躲藏或從事走私毒品等。

民進黨執政後，我國對大陸政策趨向保守，以致兩岸協商進展的腳步相當緩慢，二〇〇一年才真正得以試辦「小三通」，而「小三通」後，也未見有實質的交流，因為政策配套法令及相關措施，並不能真正符合金馬百姓的需求，而大陸方面對試辦「小三通」亦興趣缺缺，所以金馬百姓多將「小三通」戲稱是「通三小」（閩南語），似通而未通。以前是沒有正當管道可以通航通商，而產生許多走私偷渡問題，現在是有正當合法的管道，走私偷渡問題卻仍然存在，確實有其非常複雜的人為背景因素。

第六章

纠正五部曲

一、監察院提糾正案的背景

古代諫議大夫總的主要職責是：「掌侍從贊相，規諫諷諭。」而凡諫有五：「一曰諷諫，二曰順諫，三曰規諫，四曰致諫，五曰直諫。」因此諷諭規諫亦可說是現代監察委員重要職責之一。如今監察院在針對「小三通」政策所衍生的相關行政問題與民怨，同樣是基於監察職責的所在，深入察查，並諫言再三，即希望能達到「政通人和」與「福利百姓」的規諫目的。

「小三通」政策從醞釀、研擬，到正式上路執行，以及階段性的成果檢討，前後長達二十餘年。最早源自於一九七九年中共的「三通」政策，其後一九八七年開放大陸探親，一九九四年金馬地方人士提出關於《金馬與大陸三通說帖》，二〇〇〇年三月立法院通過「離島建設條例」，到同年十二月行政院通過「試辦金門馬祖與大陸地區通航實施辦法」，二〇〇一年一月「小三通」正式啟航。「小三通」一路走來，可以說是好事多磨。

走私偷渡，未減反增

政府本來是希望透過「小三通」做為試驗點，甚至是做為兩岸全面「三通」的借鏡。可是，自李前總統時代的戒急用忍政策，和繼任的陳水扁總統與民進黨政府對中國大陸的態度，導致海協會和海基會的協商機制，幾乎陷於癱瘓，明顯影響到「小三通」方案的推展，最關鍵性問題是「小三通」初期的相關配套措施，也因為推動過程太匆促，在規劃面與法制面以及執行面，均不夠完善，導致金馬地區百姓對「小三通」怨聲載道。

根據學者研究發現，在二〇〇〇年一月一日行政院海岸巡防署成立後，進駐金門地區接管金門地區海上及岸際緝私工作，取締及查獲的件數大增，一九八九年走私案件為八百零六件，比一九九三—一九九八年平均的六十六・三件增加了十二倍，二〇〇一年一、三六四件更增加了二十倍；偷渡案件二〇〇〇年一百九十人比一九九三—一九九八年平均五・五人增加了三十五倍，二〇〇一年三百二十三人更增加了五十八倍，由上述數據顯示，海岸巡防署成立後，仍無法有效杜絕金馬走私偷渡問題，反而在政府提出「小三通」試辦政策後，兩門與兩馬間有了正常管道往來，然而兩岸走私偷渡問題，卻持續未減反增，這才是相關單位所必須正視的議題。

二、第一部曲訂爲巡察重點

監察院針對有關臺海「小三通」、戒急用忍政策、「大三通」及臺商投資等重要問題，於院內相關會議中，即決議於巡察金門、馬祖時，應特別留意。同時轉請地方巡察金門、馬祖責任區的巡察祕書，將「小三通」問題列為二〇〇一年度地方巡察重點。該巡察小組於二〇〇一年三月十五日、十六日及五月三日、四日，均實地赴金門縣及連江縣巡察，並將「小三通」的實施狀況，列為當時巡察的重點項目。此舉反映出監察院對關係人民重大權益與兩岸通航政策的重視程度。

人民權益，巡察重點

二〇〇一年七月四日，排定巡察機關為行政院衛生署。巡察委員有謝慶輝、呂溪木、詹益彰、黃勤鎮、尹士豪、林時機、廖健男、李友吉、林鉅鋃、趙昌平等。當時巡察重點為：「小三通」實施後，各項檢疫防疫措施的因應。

二〇〇一年八月一日至三日，排定由內政及少數民族委員會與國防及情報等二委員會前往金門地區，實地巡察「小三通」執行的成效與相關問題。該次巡察委員包括有：古登美、李友吉、林將財、林鉅鋃、馬以工、黃武次、黃勤鎮、詹益彰、柯明謀、康寧祥、趙昌平、謝慶輝等。

該次巡察的重點，圍繞在「小三通」業務執行情形的考察，包括：㈠巡察軍事設施、軍事法院、軍事檢察署及金門監獄。㈡巡察金門電信、民航港務等建設及相關業務、金門跨海大橋的預定地、金門地區司法機關業務執行情形等。㈢巡察金防部對實施「小三通」後，對金門防務的影響及其因應之道；在取締走私、大陸漁船越界捕魚、漁船靠岸大量集結等方面，金防部與海巡署權責如何劃分及互動情形。㈣巡察陸委會、海巡署、境管局、交通部、農委會等派駐單位、關於「離島建設條例」第十八條規定施行情形、金門與大陸福建沿海貨物交流、走私取締事項、金門居民赴大陸地區及大陸地區人民往來金門馬祖核發許可及管理等相關事項、大陸地區輸入金門馬祖物品許可及防疫檢疫等事項、兩岸通航事宜及港口設施、兩岸交流及協商事項以及實地巡察料羅港及其未來工作重點。

該次巡察意義，除了幫助巡察委員全面了解「小三通」相關業務的執行情形外，同時對

「小三通」開航後，金門當地民意的反映情形，亦可同步深入了解。

關注成效，決議調查

監察院內政及少數民族、國防及情報、財政及經濟、交通及採購、司法及獄政等五委員會聯席會曾於二〇〇一年八月間前往金門實地巡察，發現行政院相關部會執行「小三通」業務成效不佳，內政及少數民族委員會爰於二〇〇一年九月四日第三屆六十二次會議，組成專案小組進行調查。並於二〇〇一年十月十九日函請行政院查復相關資料，二〇〇一年十二月二十一日召開專案諮詢會議，邀請學者專家提供卓見，積極進行相關調查作為。

三、第二部曲採取實地瞭解

「小三通」在實施的第一年，金馬地方百姓寄望很大，國內外媒體也曾大幅度深入報導，立法院民意代表也多次舉行公聽會，歸納各界的輿論反應，幾乎是批評的聲浪淹蓋過肯定的聲音，此時的監察院已然有了胸有成竹的具體作為。

舉辦座談，實地瞭解

二〇〇二年一月三十一日，監察院由召集委員林鉅鋃率領的專案小組履勘馬祖福澳港，二月一日復與馬祖地區民意代表、民間社團及相關業者代表舉行座談會，聽取基層民眾心聲。

在座談會中王朝生鄉長建議應盡速成立對口單位協助民間處理兩岸糾紛問題，陳振清議長具體建議經由修改現行法令，開放臺灣本島貨物由金馬中轉，並簡化大陸人士來馬申請程序，實能繁榮地方經濟。漁會陳雄飛理事長則建議漁產品輸入除罪化，檢疫程序應更快速與便利，充實「海洋巡防船艦編制」機動駐守四鄉五島。陳雪生縣長認為「小三通」民意總是走在政府前面，而執行績效與民間認知之落差仍大，同時建議盡速設立中央聯合辦公大樓，有效提升行政服務效率。

在該次連江縣實地履勘與舉辦座談會後，監察院調查專案小組具體彙整數項改善方案，包括離島兩岸通航港口增加「東引中柱港」、取消設籍金馬地區六個月限制、取消輸往大陸地區之物品應開立產地證明文件、規定開放臺灣本島貨物經由馬祖轉運大陸放寬旅客攜帶物品品項及數量限額、取消動植物所有人應申請檢疫規定、增設金馬地區對口單位、以及推動落實兩岸「小三通」盡速成立馬祖農漁產品交易中心。

經濟議題，座談焦點

二〇〇二年二月二十一、二十二日，監察院「小三通執行績效」專案小組，包括召集委員林鉅鋃，監察委員李友吉、趙昌平、廖健男等一行，再次前往金門，並在金門縣政府會議室召開座談會，邀集中央派駐金門執行「小三通」單位人員參加，聽取金門縣政府官員、鄉鎮長、民意代表以及農漁工商社團理事長的意見。在座談過程引發熱烈的討論，與會人士針對議題核心，均提出具體建議。

與會金門籍立法委員吳成典於會中首先指出，由於軍方實施精實案，金門駐軍消費人口減少，造成地方嚴重失業問題，民眾期待「小三通」能帶來商機，不過，由於陸委會做法過於保守，「小三通」只有部分形式意義，缺乏實質的經濟內涵，以致與民眾的期待，有很大落差。在廈門的臺商有六千六百多家，如果能開放從金門進出大陸，不但臺商省時、省錢，也能幫助金門取代部分香港的轉運功能，帶動地方的商業繁榮。

金門縣李炷烽縣長則建議輸入金門的商品均應免關稅，加工型貨品轉運附加價值百分之三十五應降為百分之二十，增開烏坵鄉為試航點，規劃金門為兩岸郵件交換中心等事項，陸委會應採取更開放措施，以符合金馬民眾的期待。

金門縣議會許玉昭副議長則直言「小三通」是徹底失敗，並抱怨實施前未能諮詢地方民意代表的意見，而且「小三通」規定設籍金馬六個月，才能辦理出入境證，根本是多此一舉，此舉將為金門製造幽靈戶口問題，而通緝犯、黑道分子坐海釣船，就已來去自如，這是金門人都知道的事。「小三通」試辦第一年，金門前往大陸人數將近萬人，保守每人花費新臺幣一萬元，就有一億元流向大陸，而大陸只來九百多人，其中大多數是縣府出錢招待的金門籍老人，長此下去，金門的整個經濟將被搞垮。

金門縣商業會許峻岷理事長更抱怨「小三通」像氣球飄在空中給國外人士看，實際是空頭支票，對離島經濟發展，並無實質的幫助。他建議擴大開放進口商品的品項，全面免徵關稅，使兩岸貿易能正常發展，以減少小額貿易現象，才能落實真正的除罪化。

釜底抽薪，法令鬆綁

金門地檢署檢察長朱朝亮指出，「小三通」、「除罪化」的名詞容易引起民眾誤解，誤以為灘頭交易是無罪不罰，現在免稅商品項目少，管制項目多，通關地點又遠設在料羅港，在成本高的情形下，產生走私不法行為，他認為釜底抽薪的有效辦法，必須是法令鬆綁，才能導入合法的商業運作機制。

金門縣農會理事長蔡水游批評說，金門與臺灣是同一國度，原本物品就應一體流通，但「小三通」後臺灣的肉品銷到金門無任何管制，而地區肉品銷臺，卻必須受到管制，而且蔬果託運赴臺，動輒以來源有問題，要求出具產地證明，像家裡的長輩寄個十斤花生或蔥給遠在臺灣的孩子嚐一嚐家鄉的口味，也受到限制，他感嘆地說，「小三通」以前還沒有這種狀況，不能「小三通」方便了臺商，卻造成金門全民的不方便，中央應是扮演協助的角色，而不是限制的角色。

此外多位鄉鎮長、鄉鎮民代表也指出，「小三通」以除罪化為目標，但金門的走私、灘頭交易更為猖獗，民眾游走於法律邊緣，經常衍生出岸巡查緝人員與民眾間的糾紛，大陸漁民公然到岸邊交易，建議應設置灘頭小額交易專區，以化暗為明。

彙整建言，獻替可否

對於各界的建議，陸委會副主委鄧振中則表示，「小三通」實施第一年，僅金馬民眾能在合法、安全有保障的方式下，進出大陸地區，就是一大成效，陸委會會就各項建言彙整，預定於二〇〇三年二月底，提出通盤性的檢討報告。

主持會議的林鉅銀委員最後總結時表示，「小三通」執行過程，顯示出法令政策與實務運作層面尚難同步配合，且大陸方面缺乏正面回應等因素，致使實際執行績效，確實未能盡如人意。他同時要求陸委會於兩週內，就與會人員所提的意見，提出書面說明，函請金門縣政府轉知外，同時表示，專案小組將針對紀錄與相關提案，彙整並深入檢討，做為專案調查重點。

林鉅銀委員最後指出，監察院後續將約詢中央主管機關到院說明，以究明實情，在全案調查後，將針對執行問題癥結所在，提出具體的改善意見，以發揮監察院「諷諭規諫、獻替可否」的功能，也藉以督導相關部會通力合作解決重要問題，全力協助政府達成「小三通」方案規劃的目標。

四、第三部曲首次提糾正案

監察院專案小組二〇〇二年三月二十日約詢交通部、經濟部、財政部、內政部、行政院農業委員會、行政院衛生署及陸委會等副首長。二〇〇二年三月二十二日約詢國家安全局、國防部、行政院海岸巡防署、法務部及陸委會等副首長。最後於二〇〇二年五月二十二日約詢陸委會蔡英文主任委員，就調查案綜合說明。

首提糾正，切合民需

調查結果發現相關違失事項如下：金門馬祖與大陸地區試辦「小三通」，法制尚欠周妥，其所據以訂定法規命令之法律授權未臻具體明確，顯與依法行政原則相違背。政府試辦金門馬祖與大陸地區「小三通」，尚難達成「促進離島地區之建設與發展，增進兩岸良性互動，改善兩岸關係」的規劃目標，相關作為亟需檢討調整。金門馬祖與大陸地區「小三通」之試辦，配套措施不足，影響執行績效；且民眾滿意度偏低，政府實際作為與民眾認知、期待落差甚大。金馬地區漁船管理、安檢未依法落實執行，私載旅客或公開赴大陸採購貨物案件頻傳，甚有走私毒品入境情事，嚴重影響地區治安；且非法走私物品充斥，檢疫工作無法落實，相關權責單位迄無有效對策，顯有疏失。

職責所在，意義重大

監察院基於職責所在，自二〇〇一年八月起，就實地發現「小三通」業務確有許多問題存在，在長達一年的詳細調查後，針對相關違失事項，於二〇〇二年九月三日通過了對行政院的糾正案。

該糾正案的意義重大，不僅符合當時金馬民意的期待，同時針對「小三通」行政法源的不周全、具體配套措施的不完整、實施成效的不彰以及造成民怨與民意落差，均提出明確的查察事證。無論對中央的相關部會或地方政府及民意，都有針砭時弊與提振民心的功效。

五、第四部曲進行追蹤調查

首次糾正案提出後，監察院並沒有因此鬆手。二〇〇三年十月二日，監察院再次排定赴行政院大陸委員會巡察，巡察委員為：張德銘、李友吉、林時機、林秋山等。該次巡察重點包括：關於「小三通」實施成效情形，兩岸關係發展及交流與協商事項，臺灣企業赴大陸投資保障及臺商與臺灣居民在大陸安全事項，大陸配偶在臺居留、就業及入籍等事項，兩岸偷渡犯、通緝犯及黑道分子罪犯遣返事項，兩岸直航評估事項，港澳業務執行成效，二〇〇三年度施政計畫及二〇〇二年度預算執行情形以及未來工作重點，顯然巡察與關注議題更深更廣。

拜會臺商，實地瞭解

二〇〇四年六月，監察院地方巡察委員李伸一、趙榮耀有鑑於「小三通」試辦三年來，成效仍未全然發揮，於是申請自動調查，監察院為釐清案情，調查委員獲得行政院陸委會同意，並在金門縣政府的協助下，於同年「八二三砲戰」紀念日當天，二位委員親自由金門到廈門，其間適逢颱風來襲並被追著跑，沿途因為海上風浪非常大，身心深受煎熬，路途上顛簸驚險，過程十分艱辛，行程經漳州、泉州、福州拜會當地臺商，實地瞭解「小三通」試辦之問題，並聽取臺商的意見，最後由福州馬尾返回馬祖，完成此次「小三通」實地勘察之旅。過去巡察與關注的範圍，都在中華民國的轄區內，此次則遠赴大陸福建各城市，無論對臺商或監察委員而言，都有實地調查的重大意義。

監察委員此次的大陸行，已將巡察與關注焦點放在臺商身上，綜合臺商的重要建議事項，包括「小三通」不要局限臺商為對象，應全面開放，建議將金馬規劃為免稅特區，應開放貨物中轉以及臺商在大陸看病，建請納入健保等。因實施「小三通」推動至二〇〇四年八月，已達三年半，仍然有民眾、臺商抱怨「小三通」定位不明、通關不便、航班不足、人通貨不通等重大缺失，因此衍生走私檢疫問題嚴重、載人貨的地下行業猖獗活躍等情事，於是監察委員再度申請自動調查。

約詢部會，查證事實

二〇〇四年十月十二日，監察院函請行政院秘書長查復相關事項及提供卷證資料，復於同年十二月十五日約詢內政部、交通部、行政院衛生署、財政部、金門縣政府、連江縣政府及陸委會等相關單位暨人員到監察院說明。經調查委員詳實查核後發現，除了「行李無法直掛，造成通關不便」及「機票劃位、機場導航設施亟待改善」外，二年前經監察院提案糾正的違失事項，迄今仍有「政府實施小三通由於定位不明，規劃目標無法達成，執行成效不佳」、「民生必需物品走私情形仍然嚴重」、「小額交易風氣依然盛行」、「兩岸載人貨的地下行業猖獗活躍」、「食品衛生檢查工作無法落實執行」等缺失未見改善。

監察院此次深入調查，距離「小三通」首航日，已即將屆滿四年，俗話說「三年有成」，然而「小三通」整體實施成效，仍然通不過監察院的法眼與績效的評估。

六、第五部曲另案提出糾正

監察院具有行使彈劾、糾舉及審計權，並得提出糾正案，以及收受人民書狀、巡迴監察、調查、監試、受理公職人員財產申報等職權。以上各項職權的行使，始於調查，終於提出糾正案或彈劾、糾舉。

提案糾正，督促改善

二〇〇五年一月十九日，由監察院李伸一、趙榮耀二位委員提「小三通」糾正案，指出政府實施「小三通」政策將屆四年，由於定位不明，規劃目標無法達成，執行成效不佳；經濟部公告擴大開放准許金門、馬祖地區輸入大陸物品項目及免稅進口物品項目，未能切合金馬當地民眾的需求，民生必需物品走私情形仍然嚴重，小額交易風氣依然盛行；臺商生產所需原料無法經由「小三通」途徑進入大陸地區，以致兩岸載人貨的地下行業猖獗活躍，且食品衛生檢查工作無法落實執行，嚴重影響食品安全及消費者權益；行政院暨相關部會執行「小三通」業務確實有其疏失，於是依據「監察法」第二十四條規定提案糾正。

追蹤成效，劍及履及

針對監察院所通過的糾正案，行政院長游錫堃表示，推動三通是政府既定的政策，各部會已經做好準備，但仍有待兩岸磋商談判決定。當時行政院長的反應似乎是將「小三通」實施成效不彰的責任，推給中共方面的不配合。

負責第一次「小三通」調查案的林鉅鋃委員，在報告中則指出，「小三通」原本的目標是在展現臺灣方面的善意，爭取對岸相對回應，同時期待藉單方、片面或「可操之在我」的作為，促使兩岸關係獲得改善，但根據最近一年來的實踐結果顯示，除非國際社會的關注發揮作用，否則實難以期待藉「小三通」有效導引兩岸走向實質和解。林鉅鋃委員也同意「小三通」有其大環境的瓶頸，但他更在乎的是可以操之在我的部分。

人貨往來，發展利基

林鉅鋃委員說，行政院規劃試辦「小三通」，所據以訂定法規命令的法律授權不夠具體明確，顯與依法行政的原則相違背，實施迄今尚難達成「促進離島地區之建設與發展、增進兩岸良性互動、改善兩岸關係」的規劃目標。其依「離島建設條例」第十八條規定授權訂定之「試辦金門馬祖與大陸地區通航實施辦法」內容，已逾越母法授權範圍。

又陸委會並未承諾貨物可以中轉至臺灣本島，僅稱會依據金馬地區的內需消費情形，進口足夠的民生消費品。民眾認知與法律規定有落差，使得走私情況並未減少，尤其不是從正常管道進入海關的貨物太多，使得安檢及檢疫工作均無法落實執行，成為傳染病疫情的隱憂，更甚者還走私毒品，影響治安甚鉅。

因此調查委員認為，就「促進離島地區之建設與發展」而言，「小三通」的試辦是希望藉由人貨往來，擴大金馬地區的發展利基，促進離島經濟繁榮，以照顧金馬民眾生活，觀察實際執行情形，發現「小三通」並未能滿足金馬等地區民眾需求，尤其是在「小三通」所創造的經濟利益方面，與預期目標有很大距離。

自「小三通」實施以來，由於金馬地區當地居民原本就不多，經濟發展條件並不佳，加上駐軍人數大幅減少、市場規模小、消費能量有限等，而「小三通」又禁止大陸貨物「中轉」來臺，導致當地居民質疑「小三通」又如何能促進當地的經濟繁榮？這也是監察院所最關心的核心焦點，可惜中央相關部會關切的似乎不在這裡。這個落差才是讓監察院在二年內另行提案糾正的主要動力來源。

七、金馬地方輿論的反映

當牆上的日曆一頁一頁撕落，回顧「小三通」推動實驗之路，中央政府至今仍未去除意識形態，七年來，「小三通」實驗仍是半遮半掩，使金馬發展無法跨越高牆，而金馬人民對陸委會的政策推動，共同感受就是形同虛設。

金馬人民認為從二〇〇一年一月二日「小三通」啟航以來，國際人士都在看兩岸關係的歷史新局，而七年來中央處處掣肘下，所謂「化暗為明、操之在我」的主張，則完全束之高閣。

問卷調查，滿意度低

二〇〇三年十一月，也是監察院第一次提出糾正案同時，銘傳大學針對「金門縣民眾對小三通政策之看法」進行問卷調查發現：五成二的受訪者認為「小三通」對金門地區經濟發展沒有幫助，二成五認為有幫助。近半數的受訪者認為「小三通」未達成促進金門地區的建設與發展，一成八認為有達成。六成的受訪者認為「小三通」後，金門岸邊交易的情況更為嚴重，一成認為有改善。五成六的受訪者不認同「岸邊交易」購買大陸貨是犯罪的行為，近三成認同是犯罪行為。六成的受訪者同意近兩年來金門資金嚴重地流向大陸，近八成的受訪者同意「小三通」後，金門人在大陸投資置產的情形增加了。四成五的受訪者認為金門在經濟上對大陸的依賴愈來愈重，二成六不認為。二成四的受訪者同意「小三通」會使金門人在政治上逐漸向大陸靠攏的說法，三成九不同意。最後受訪者給「小三通」政策整體打了五十八分。

「小三通」實施至二〇〇四年一月已屆四年，由於中國大陸堅持以接受「一個中國」原則及「九二共識」做為恢復兩岸正式協商的前提，以致兩岸迄今尚無法恢復協商，其「增進兩岸良性互動，改善兩岸關係」的規劃目標尚難以達成；且據金門縣政府答覆監察院時指陳：「小三通規劃之目標，係為『改善生活品質、增進居民福利』，但實施四年來，縣民所得並未明顯提升，二〇〇三年為臺灣的六七・五六％」，所揭示「促進金馬地區的建設與發展」的指標仍然落空。

未能體察，真正民意

金馬人民對「小三通」共同感受是，中央完全漠不關心，這七年來所擁有的成績，完全是地方府、會及民間團體單打獨鬥，與對岸建立對等、互信基礎上，努力出來的成績。陸委會除未及時放寬政策外，也未授權地方政府，而且還緊緊控制所有的窗口。

平心而論，中央在開放「小三通」的腳步，明顯落在對岸之後，最令金馬人民痛心的是不能體察金馬民意的需求，反而悖離民意基礎，扼殺「小三通」試辦的精神與目標。而陸委會始終以臺北的政策觀點，看不見金馬離島人民的真正需求。

過去七年來，金馬人民推動「小三通」，感覺得不到中央的奧援，也得不到關愛的眼神，即便是金馬地方政府的政策主張，也得不到中央政府的回應，因此相對地也得不到金馬人民的掌聲，地方民意對陸委會的刻板印象，就是始終抓著政策不放，而且也不知金馬民間的真正疾苦。反而是職司全國最高監察權的監察院，能夠同步瞭解民間疾苦，積極進行各項巡察與調查工作，對提升政府行政效力與保障金馬人民權益，發揮及時雨的功效。

第七章

為民喉舌

一、法源法制

二〇〇一年八月間，監察院內政及少數民族委員會等五委員會，前往金門各地聯合巡察，經林委員鉅鋃、李委員友吉、林委員將財、趙委員昌平、廖委員健男等五位組成專案小組，到金馬地區實地勘查，並約詢相關部會首長，發現「小三通」業務確有許多問題存在，歷經十個月調查後，針對相關違失事項，於二〇〇二年六月即通過了對行政院的糾正。距離「小三通」首航只有二十個月，此後至二〇〇五年一月十九日再度由監察院李伸一、趙榮耀二位委員提出糾正案，可以說是充分反映急民之所急的表現。

監察院針對「小三通」法源的不周全、配套措施的不完整、實施成效不彰及造成民怨與民意落差，均提出明確的查察事證。行政院相關執行單位雖然都有說明執行困難的理由與因素，形同政策辯護大賽。但在往後的進程中，監察院所提的許多查察缺失事項，已陸續獲得大幅度的改善，此舉皆應歸功於諸位監察委員的義舉以及克盡言責。茲將該項糾正要旨摘述如下：

法律授權，未臻明確

依「離島建設條例」第一條規定，旨在推動離島開發建設，健全產業發展，維護自然生態環境，保存文化特色，改善生活品質，增進居民福利。其第十八條規定：「為促進離島發展，在臺灣本島與大陸地區全面通航之前，得先行試辦金門、馬祖、澎湖地區與大陸地區通航，不受臺灣地區與大陸地區人民關係條例等法令限制；其實施辦法，由行政院定之」。

該條例第十八條規定係採概括授權的方式，其授權內容、目的及範圍並不明確。何況是涉及人民權利的限制，亦僅得授權以命令為補充規定，並非全然以命令替代；至於授權條款的明確程度，則應與所授權訂定的法規命令對人民權利的影響相稱。監察院認為若涉及人民權利的限制，其基本構成要件，即應由法律定之；若法律就其限制人民權利的構成要件，授權以命令為補充規定，其授權的目的、內容及範圍，應具體明確。

法源配套，不夠周全

在試辦通航辦法第六條第一項「本辦法施行前已設籍金門、馬祖之漁船，經依船舶法申請變更用途，並於註銷漁業執照或獲准休業後，得向當地縣政府申請許可從事金門、馬祖與大陸兩岸間之水產品運送；其許可條件，由當地縣政府定之」。第二十八條第二項「前項直接往來業務，應報經財政部洽商中央銀行後許可之；直接往來及間接往來之幣別、作業規定，由財政部洽商中央銀行後定之」。第二十九條「金門、馬祖之金融機構辦理大陸地區人民之外幣現鈔或旅行支票結售、結購規定，由中央銀行定之」。第三十條第三項「前項動植物及其產品，由行政院農業委員會定之」。第三十四條第二項「交通部為協調海關檢查、入出境證照查驗、檢疫、緝私、安全防護、警衛、商品檢驗等業務與相關之管理事項，得設置離島兩岸通航港口檢查協調中心；其設置要點，由交通部另定之」。等規定。

按「法律授權主管機關依一定程序訂定法規命令以補充法令規定不足者，該機關即應予以遵守，不得捨法規命令不用，而發布規範行政體系內部事項之行政規則為之替代，倘法律並無轉委任之授權，該機關即不得委由其所屬機關逕行發布相關規章。」司法院釋字第五二四號解釋。監察院認為試辦「小三通」相關法令攸關人民權利義務至鉅，尤其對於人身自由、人民之財產權、工作權影響更大，應有明確的規範。

法源缺失，有待改善

「離島建設條例」的立法目的，雖僅在於提振離島經濟的發展，而「小三通」的實施，除為促進離島的建設與發展外，並在於增進兩岸良性互動，改善兩岸關係，二者目的與範圍並不一致。該條例第十八條僅授權訂定試辦「通航」的實施辦法，可是「小三通」的推動方案、執行計畫中，所應全面規範的商品貿易、人員往來、金融往來、郵政往來、工商發展及農漁業發展等，均會牽涉到人民的權利義務事項，其相關規定，明顯已逾越法律授權訂定「通航實施辦法」的「必要」範圍。有關此項指正除了反映在陸續「通航實施辦法」的修正案，監察院明顯指出行政院陸委會等單位，在研擬「通航實施辦法」在法源方面的缺失。

由於相關法規訂定，牽涉不同部會的層級，因此主管機關更應審慎檢討有關實施「小三通」相關法律、法規命令、行政規則等規章，以建構周妥的法制規範，落實依法行政的基本原則。很顯然陸委會等相關單位，並未及時注意到相關法源的不夠周全妥善。

二、規劃目標

監察院曾諮詢學者、專家後指出：「『小三通』並未促進全面『大三通』的實踐，因為『小三通』已經試行一年，但是大三通並未因『小三通』的試辦而學到很多經驗，也無法瞭解到『大三通』該如何操作或是如何促進『大三通』另一種思維的格局。至於釋出善意，如果我方的動作無法改變對方的思維方式，甚至讓對方認為這是種惡意的行為時，那麼我們就無法達到政策目標，因為我們並無法改變對方的思維模式與行為舉止。因此從對兩岸釋出善意的角度來看，這項政策也是失敗的。」

「小三通」操之在中共的部分，是受限於兩岸關係，無法及時改善，但對於操之在我的部分，調查委員則採取反求諸己的方式廣泛檢討，謀求亟需改善的行政缺失，絕對是一種務實察查的態度。

貿易規模，偈促一隅

依據行政院二〇〇〇年十二月二十一日核定的「兩岸『小三通』推動方案及執行計畫」所示，「小三通」規劃的目標，非常明確，在於促進離島地區的建設與發展。增進兩岸良性互動及改善兩岸關係。

然而依據陸委會統計資料指出：金馬「小三通」自二〇〇一年一月一日正式實施截至二〇〇二年四月底止，金馬民眾藉由「小三通」進入大陸地區者計有一六、五九〇人次（金門縣計一四、十二〇人次；連江縣計有二、四七〇人次）；船舶往來統計部分，雙方不定期航班往來進行三〇五航次，其中金門至廈門地區一四四航次，馬祖至福州地區八十二航次，大陸船舶往來金門、馬祖計七十九航次。

進出口貿易統計部分，金門地區登記為進出口廠商者有一百三十五家，進出口報關件數總計有一萬零一百零三件，總金額達新臺幣三九、九三〇、一四七元，其中進口八十件，金額為新臺幣一九、九三六、九九六元，主要進口項目為砂石及各式建材（約三一、七六〇噸）；出口三十三件，金額為新臺幣一九、九九三、一五一元，主要出口項目為高粱酒及貢糖（約六十一噸）。馬祖地區登記為進出口廠商者有六家，進口報關件數總計有六十二件，總金額達新臺幣一九、四一四、五四四元，主要進口項目為砂石及各式建材（約六〇、七七七噸），依據以上資料分析，「小三通」實施範圍僅侷促一隅，並未依據陸委會所規劃的目標全面展開。

禁止中轉，無助經濟

就「促進離島地區之建設與發展」而言，希望藉由人貨往來擴大離島地區發展的利基，促進經濟繁榮，以照顧金馬民眾生活。監察院查證實際執行情形後，發現「小三通」未能滿足或符合金馬地區民眾的需求，尤其是在「小三通」所創造的經濟利益方面，與預期目標尚有段距離。

事實上，由於金馬當地居民原本不多，經濟發展條件並不佳，再加上駐軍人數大幅減少，市場規模小，消費能量有限，而「小三通」又禁止大陸貨物「中轉」來臺，基此，在當地居民的認知中，「小三通」又如何能促進當地經濟的繁榮？

此外，就「增進兩岸良性互動，改善兩岸關係」而言，其目標應在展現我方的善意，爭取對岸的相對回應，並期望能夠藉由單方、片面或「可操之在我」的作為，促成兩岸關係獲得改善。然而，「小三通」是否能換取中共同樣善意的回應？經近一年來的實踐結果顯示，除非國際社會的關注發揮作用，否則實難以期待藉由「小三通」的實施，能夠有效導引兩岸走向實質和解。因此就規劃目標而言，是屬於兩頭落空。

目標成效，明顯差距

針對監察委員專案調查「小三通執行成效」所提糾正案，陸委會主任委員蔡英文提出說明，「小三通」實施迄今相關航運、人貨與金融往來日益熱絡，已獲致一定的成效。委員所關切的問題，相關機關已有政策調整措施，有助於擴大「小三通」的規模與運作，此外，在「小三通」後續推動的規劃，行政部門均已充分考量，但仍須視兩岸互動的進展、大陸政策的整體考量以及民意的趨勢，隨時加以檢討、調整，以使「小三通」推動的進程逐步正常化。

蔡主委同時強調，政府非常瞭解金馬地區希望透過「小三通」中轉來繁榮地方經濟的期待，但在兩岸走向大三通的過渡時期，資源需有效使用而非過度投入，人員中轉在無法與對岸協商情況下，政府會在安全確保的前提，針對部分開放措施做一定程度的檢討與放寬。

按「小三通」實施後，雖提供金馬與大陸往來的便利性，並縮短交流的時間及節省金錢成本，但「小三通」的規劃推動，現階段對金門、馬祖與大陸人貨往來依然採取相當的限制，因此實施成效與規劃目標尚有差距，陸委會於約詢時答稱：「政府試辦『小三通』目前仍因中共方面的限制及選擇性的配合，致使定期航線尚未開航，商業運轉也未全面啟動，大陸人民迄今仍難自由前往金門、馬祖，從而為地方帶來的經濟利益不多。」

無論從受益者或是政策推動者角度評估，政府實施「小三通」一年多後，明顯發現未能達成先前規劃的目標，對於監察院的具體建議，陸委會與政府相關單位必須立即因應及改善。

三、配套措施

執行「小三通」必然會面臨相關問題，本應於實施前研議評估並妥適因應，包括：港區運作的規劃改善，港口管制、港口安全設施的備置及入出境旅客貨物通關作業；港區拖駁船之撥補建置；機場機坪及跑道阻絕設施（北竿與尚義機場）之增設；「兩岸貨品交易中心」規劃設置；檢疫措施的落實實施與手續簡化；防治走私具體作為的規定；海巡、岸巡、治安能量及人員的調度因應、金門地區（馬祖已設靖廬）收容大陸地區人民的「靖廬」設置、以及漁船配套管理等相關問題。監察院在數度深入調查後，發現明顯缺乏有效配套措施，相關業務也無法全面展開而造成民怨四起。

海關輪調，不利執行

監察院在諮詢學者、專家後明確指出：「『小三通』沒有周全的配套，其應有的配套，是關於金馬海防安全管制問題，我們必須承認金馬沒有海防。」另外，海關的人員都是採取輪調的方式，大概幾個月就輪調一次，而不是長駐，所以無法瞭解當地走私的特色，人員也算是新手，如此一來，不但人員不足，在執法上又是採輪調而非長駐的方式，因此在執法上確實會造成一些問題。直至二〇〇七年底，只有內政部移民署金門馬祖服務站與農委會動植物防役檢役局金門馬祖服務站法制化，其他單位都還是任務編組。

法令宣導，未能適時

金馬民眾對於「小三通」認知與實踐上，認為「小三通」等於海上小額貿易除罪化，但實際上並非如此，離島建設條例第十八條所謂：「不受兩岸條例等法令」的限制，其不受限制的法令範圍，究係不受兩岸條例其中部分條文的限制，或完全排除臺灣地區與大陸地區人民關係條例的適用？例如兩岸條例中的刑罰規定，金馬地區是否仍有適用？除兩岸條例外，究竟還有哪些法令亦屬試行「小三通」的金馬地區，可不受限制者？例如是否仍有懲治走私條例、國家安全法的刑罰適用？

針對上述問題，監察院認為金馬地區「小三通」，究應適用何種法律來規範金馬人民的權利與義務，相關主管機關均未適時明確進行宣導，造成民眾的誤解與認知的錯誤，徒增民怨，相關主管機關顯然有其疏失。

配套措施，未盡周延

監察院認為政府實施「小三通」前，相關主管機關並未妥善擬定周密的配套措施，預先研判地域的特殊因素，掌握問題核心並籌謀解決，造成政策與法令的矛盾（如除罪化），執法者與人民之對立，是明顯的缺失。

「小三通」基本政策，是規劃金馬與大陸進行「邊區貿易」乃至「邊區經濟合作」，然而陸委會在第一階段開放的目標，僅止於「通商口岸」式的國際貿易模式，而金馬人民、地方政府及民意機關一致所期待的，則是「免稅自由港特區」。如此對「小三通」模式，從法令規定，政策目標，乃至民意需求、與民眾期待落差均甚大。關於這個重大歧見，迄今仍然未能解決。

四、安檢執行

以目前流通於金馬地區的大陸貨品，經合法進關者幾乎微乎其微，絕大部分都是由走私管道進來，然其檢疫權責，卻均由地方政府承擔，而地方政府又囿於民意考量及人情壓力，難以主動偵查辦理，造成檢疫工作的一大漏洞，嚴重威脅當地民眾生命與健康，中央主管機關本位消極的處理態度，明顯有其疏失。

漁船安檢，不夠嚴謹

經查金馬地區現有商、漁港（第三、四類）九處（金門四處、馬祖五處）及未經公告的泊地十四處（金門四處、馬祖十處），金馬岸巡單位除派駐有固定巡防人員執行船舶安全檢查外，並依情資、入出港船舶數量及種類等因素，適時增派勤務人員，執行查緝任務，並與地方漁船管理單位保持密切協調聯繫；農委會並依漁業法等有關規定辦理漁船汰建及核發漁業執照，並於金門新湖漁港設有漁船及船員電腦系統協助安檢單位查核。

另外漁船進出及停泊商港，均須按商港法有關規定向港務單位申請核准，始得進出及停泊。唯漁船進出及停泊漁港，依現行漁港法規定，漁船並不須經漁港機關核准，致使漁船私載旅客或公開赴大陸採購貨物，甚有走私毒品入境情事發生，嚴重影響地區治安，相關主管機關對於漁船的管理、安檢執行不夠嚴謹，應予深入檢討。

監視系統，尚待建置

金、馬當地漁船業者依當地政府所定的辦法，多以合法方式招攬遊客赴海上釣魚，卻經常利用出海機會，避開軍、警治安機關的監控，違規變相赴大陸地區旅遊，甚有在當地計程車司機及漁船業者的招攬下，自行僱船到廈門玩，於廈門大嶝島上岸後，即被邊防單位以非法入境罪名逮捕，並送往當地拘留所留置的案例發生。

為求有效防治，海巡單位除應加強海上船舶的臨檢查察作為外，並宜加強具體防範作為，如：規劃建置岸際雷達有效掌握海面目標動態；籌購夜視裝備、建置金馬近岸巡防艇，提升海岸監控及機動查緝能力；規劃建置港區監視系統掌握港區動態，以期嚇阻不法走私偷渡行為。

走私違法，仍然嚴重

金馬地區非法走私物品盛行，相關查緝工作成效不彰，當地民代於座談會中剴切指出：農產品走私猖獗主要原因是一般民眾對於便宜的物品趨之若鶩，且認為政府開放「小三通」後，人員既能自由往來，貨物亦應自由流通，造成民眾與執法者間的認知不同，百姓游走法律邊緣，引發海巡岸巡與民眾間糾紛等。

中央相關機關於約詢時亦坦承：根據政府現階段的大陸政策，進入金馬地區的貨品均不得中轉，其中許多敏感性農產品，例如大蒜、乾香菇、乾金針、畜產品與雜碎等，走私情況十分嚴重，顯見走私問題仍未能有效解決。

監察院具體建議，當地主管機關應盡速協調相關機關採集市面私貨樣本建立資料庫，並提供簡易比對不同的方法，供查緝比對參考；並由相關權責機關組成聯合查緝小組，積極提升各級執勤能力，強化查緝作業的功能，並實施預防犯罪宣導，以杜絕走私違法事件。

檢疫分工，不夠明確

除了走私問題以外，檢疫工作未能徹底執行，亦為一項隱憂。衛生署對於通關的大陸進口水產品物的檢疫，比照現行「進口水產品物之霍亂檢疫規定」辦理：附霍亂弧菌陰性證明者，採抽驗監視卻以切結方式放行或留置檢驗；未檢附霍亂弧菌陰性證明者，由業者選擇退運或銷毀。

若進口水產品檢出毒性霍亂弧菌時，則迅速追回貨品予以銷毀，並由當地衛生局對市場環境消毒及通知轄區開業醫師加強腸胃道疾病監測。如未經通關港埠者，不列入檢疫範圍，由地方衛生局加強境內防疫監測工作。至於市場貨品則以抽驗方式辦理，食品衛生由當地縣政府辦理。

農委會對大陸地區輸入金門、馬祖的動植物及其產品，依我國動植物檢疫法規及現行國際規範，執行檢疫，對於金馬地區運往或攜帶至臺灣地區的動植物及其產品亦由上述檢疫站實施檢查；合法進口農產品由農委會防疫檢疫單位執行檢疫，境內部分則由該會與地方防疫單位，以監測方式辦理。

監察院建言，有關「檢疫分工」的事宜，應依規定申請通關進口的大陸水產品物、動植物及其產品，均依現行法規由中央權責主管機關辦理檢疫工作，其未經進關部分，才由地方政府辦理，落實明確分工。

五、兩岸條例修正影響

由於兩岸條例公布於九〇年代初，當時兩岸之間是處於對抗敵對的狀態，其草擬係本安全性、通盤性、事實性、平等性及彈性等原則，以確保臺灣地區安全、社會安定及民眾福祉為前提，為兼顧情理及維護人民權益，解決實際問題，並基於維護臺灣地區經濟、社會及法律秩序的穩定，依憲法第二十三條及憲法增修條文第十條規定意旨，而設有若干限制。

人民往來，日趨頻繁

政府於一九八七年十一月二日開放臺灣地區人民前往大陸探親，繼又許可大陸地區人民來臺探病、奔喪或訪問。自此以來，兩岸人民接觸日趨頻繁，經貿關係亦日益密切，其所涉及的法律事件，紛至沓來，影響所及，既有一般法制規範，已不足因應兩岸情勢的需要。

兩岸交流歷經十多年來，兩岸在各層面的往來，日益頻繁，無論交流的形式、管道和層次均不斷地擴增及提升，現有法律結構已呈現出超過負荷的情況，為避免法律規範與現實脫節，並前瞻兩岸互動的實際需要，開始進行兩岸條例的整體修法。

修正重點，符合需求

二〇〇三年兩岸條例修正的主要方向，就兩岸協商、人員往來、兩岸通航、經貿交流及文教交流等事項，進行整體性修正。此次修法規模是施行以來最大的幅度，期兩岸交流秩序之法制化更為落實，並具體發揮安全閥的功能。兩岸條例原條數一百零二條，此次共修正八十三條，修正後總條數計一百三十二條，修正幅度超過八十％。其修正重點如下：

包括對現行我國人民赴大陸地區採行許可制的實施對象，須因應做一檢討調整，對一般人民改採一般出境查驗程序，並配合修正簡化相關流程，以符合民眾往來需求。針對處理假結婚、保障正常結婚者的權益，是整體社會及政府必須共同面對的社會問題，此次修法，對於大陸配偶來臺，授權行政機關以配額管理，同時採取面談機制，並持續落實「生活從寬、身分從嚴」的政策。另基於現行兩岸交流日益增多，對臺灣地區人民擔任大陸地區職務，將現行「原則禁止、例外許可」的規範加以調整，明訂禁止擔任職務及應經許可的職務內容，以利民眾遵循。在文教往來方面，為因應臺商子弟赴大陸就學問題，修法完善臺商子弟的教育體系等。

此一具高度敏感性、複雜性的「兩岸人民關係條例」修正案，經由朝野及行政部門透過理性、和諧的方式討論，歷經立法院四個會期，於第五屆第四會期能達成朝野協商共識，終能於二〇〇三年十月九日完成立法院三讀程序，並經總統於同年十月二十九日公布。

不僅得以重新架構兩岸關係指導性的法律，建立合理開放、有效管理及落實執行的法律新機制，且使兩岸在社會、文教、經貿、學校交流等方面之互動，得有較明確遵循的依據，有關資金、勞動力，甚至於船舶及航空器的來往，在條文修正後，都有了比較具體的法律依據，也進一步的做好了兩岸關係更開放的準備。

糾正缺失，依法行政

為健全法制規範，監察院在糾正案文中指出：「金門、馬祖與大陸地區試辦「小三通」法制面欠周妥，其所據以訂定法規命令之法律授權未臻具體明確，顯與依法行政原則相違背。」嚴飭主管機關注意檢討修正實施「小三通」的相關法規，殷切之至，不可言喻。

而陸委會在此次修正「兩岸人民關係條例」，對『小三通』明確增訂第九五條之一明定：「主管機關實施臺灣地區與大陸地區直接通商、通航前，得先行試辦金門、馬祖、澎湖與大陸地區之通商、通航。前項試辦與大陸地區直接通商、通航之實施區域、試辦期間，及其有關航運往來許可、人員入出許可、物品輸出入管理、金融往來、通關、檢驗、檢疫、查緝及其他往來相關事項，由行政院以實施辦法定之。前項試辦實施區域與大陸地區通航之港口、機場或商埠，就通航事項，準用通商口岸規定。輸入試辦實施區域之大陸地區物品，未經許可，不得運往其他臺灣地區；試辦實施區域以外之臺灣地區物品，未經許可，不得運往大陸地區。但少量自用之大陸地區物品，得以郵寄或旅客攜帶進入其他臺灣地區；其物品項目及數量限額，由行政院定之。違反前項規定，未經許可者，依海關緝私條例第三十六條至第三十九條規定處罰；郵寄或旅客攜帶之大陸地區物品，其項目、數量超過前項限制範圍者，由海關依關稅法第七十七條規定處理。本條試辦期間如有危害國家利益、安全之虞或其他重大事由時，得由行政院以命令終止一部或全部之實施」。行政院並於二〇〇四年三月一日配合修正「試辦金門馬祖與大陸地區通航實施辦法」，「小三通」法制面始臻於完備。

總之，由於「兩岸人民關係條例」適時大幅度修正，直接間接均對「小三通」的實施成效與影響層面，有其密切的正面因果關係，同時與監察院糾正案剴切指陳法制作業應符「依法行政」的原則相契合。

第八章

傾聽人民的心聲

一、地方民意眞正需求

「小三通」自實施以來，參與地方巡察的委員一直扮演「民胞物與」與「良政良能」的胸襟，始終期盼相關執行單位能秉持既定的政策方向，有效控管風險，改善行政缺失，陸續建立完善的配套措施，循序推動兩岸各項開放政策，為金馬鄉親與臺商開闢一條前往大陸便捷與安全的交通管道，同時對活絡金馬地區經濟，能有積極正面的助益。

通關設施，不夠便民

「小三通」在法令重重捆綁及執行處處受限下，自實施以來，民怨的聲音始終積累，難以宣洩，地方行政首長及民意代表常站在維護鄉親的權益與生計上，一時間不免備受責難，也常落得不能為地方發聲的埋怨。

二〇〇二年二月一日監察院專案小組即曾具體建議離島兩岸通航港口應增加「東引中柱港」，因為行政院陸委會在兩岸「小三通」檢討報告中的決議，即主張有條件放寬「一區一港」的限制，並提馬祖東引中柱港區應配合「馬祖地區港埠整體規劃及未來發展計畫」辦理。然在港埠設施規劃尚未完備前，應考量現實客觀環境需求，先行擴充改善現有軟硬體設施，並由福澳港支援相關配合措施，如通關、安檢等。最終銜接港區發展計畫，以竟全功。

以馬祖地區為例，從出境檢查、登船檢查、登岸檢查，凡事都要受檢，撈捕漁獲及南、北竿運送肉品也要報備，甚至有出海一次檢查多次的反彈聲音。

以福澳港的聯檢作業來說，出境還算流暢，在入境時，旅客行李增多，大包小包，證件審查作業只有兩個窗口，動作又慢，空間狹窄，等候旅客當然會抱怨，雖然候船室外已搭設有風雨走廊，但遇到冬季寒風吹襲，排隊在外的旅客，就會感到寒風刺骨。檢查行李處也常常擠成一團，對婦孺及年長者造成不便，甚至還不如大陸馬尾港的設施便捷，實在亟待改善。

貨物出入，不夠便捷

以大陸貨物輸入而言，中央在試辦「小三通」初期，公布准由大陸進口貨品林林總總有千項之多，但實際有用卻寥寥無幾，就像畫一個大餅在牆上，讓金馬人充飢；再者，由大陸進口的貨物不得轉運臺灣，所以實質效益微不足道。

再看我方貨物輸出部分，「小三通」並沒有特別便捷，臺灣廠商沒必要由金馬轉運，直接透過香港輸入更快，因此，「小三通」轉運功能有名無實，反而容易變質成為走私管道。

在地方政府及民意代表強烈要求下，中央開放「小三通」貨品准許由臺灣經金馬地區中轉大陸，但必須是合格臺商、大陸臺商會切結，且須以自用為限，因此無法符合臺商的需求，更與「小三通」中轉精神不合，而且手續繁複，也不合乎經營效率。

報關程序，應更簡化

業者主張為便利臺商的需求及減少行政作業成本，並考量大陸方面的管理規定，應放寬准許出口貨物離岸價格（FOB）美金十萬元以下者，得免附切結書，如此一來，當然方便許多。不過，當貨物運至金馬輸入大陸時，在報關程序上要再予簡化，業者建議填表作業應盡量簡單，以檢查為重，只要符合規定，力求快速過關。

「小三通」貨物出口，在經濟部二〇〇六年初放寬臺商美金十萬元以下，免附臺商自用證明後，金馬海關也宣布配合辦理；事實上，這項放寬限制，對實際作業的便利性，仍有待克服；而其放寬方向是合理的，因過度管制終非長久之計。

二、地方巡察的重點

「小三通」實施後，金馬地區船舶運輸業者、進出口業者、倉儲業者、旅遊業者及來往大陸旅客辦理進出口通關作業與相關規定等事項；金馬地區進出口商品報驗、檢驗、港口驗對、發證及度量衡器檢定、檢查等事項；大陸地區輸入金馬物品許可及防疫等事項；「小三通」實施後，金馬地區有關人員、船舶進出港與水產品物進口檢疫等事項，都是監察院地方巡察的重點項目。

由於「小三通」，對促進金馬與大陸地區經貿關係正常發展，增進兩岸人民福祉，至關重要。監察院地方巡察委員多次針對「小三通」執行業務持續關注，於二〇〇四年八月二十三日至二十七日，經「小三通」路線親自探訪臺商，並與臺商協會舉行座談，發現多項值得繼續追蹤考核的事項。

港埠設施，陸續改善

二○○四年一月，陸委會等單位配合「小三通」法源調整，積極改善金馬地區港埠機場的軟硬體設施，進一步擴大「小三通」的營運規模，除展現政府對金馬地區經濟發展的重視，也務實回應地方民意的需要。

金門水頭港及馬祖福澳港，同意業者可在該兩港口管制區內或經海關核准的區域內，可以依「免稅商店設置管理辦法」，向海關申請登記為免稅商店，方便來往旅客購物。

此外，金門水頭港區旅客服務中心大樓斥資新臺幣近四億五千萬元，前後歷時近三年的興建，包括大樓行政、旅客服務空間、風雨走廊及浮動碼頭等，於二○○五年十一月七日正式啟用，讓金門「小三通」進入有專屬港區的新頁。

整體評估，漸進開放

相關單位為因應實際需求，於二○○五年一月間曾做整體評估，重點包括：㈠航運量尚有增長空間：金門廈門二○○五年一月每日單向八航次計一千二百五十人次；馬祖馬尾目前每日則僅單向金龍輪一航次一百八十六人次。以平日六至七成載客量，仍尚有增長空間。㈡金馬鄉親中轉人數預估高達百萬人次：金門縣政府估算，金門鄉親分散各地，估計三十餘萬；連江縣政府估算，馬祖鄉親約五萬人，合計約三十五萬人，如再加計同行親屬人數將倍增，放寬中轉的人數將高達百萬人以上。㈢兩岸人員入出、資金流向仍處於單方傾斜現象：自二○○一年開放「小三通」以來，大陸方面未能善意配合的情況仍然持續，目前金馬無論在人員入出或資金流向，所形成對大陸單方傾斜的現象，迄今尚無改善。目前開放金馬旅臺鄉親得經由「小三通」往返大陸，就船班與設施上尚可容納，但在船舶與海上救難部分，相關機關應有所規劃。

三、出入境證查驗

「小三通」實施後，因政府對「小三通」適用對象的嚴格限制，不僅無法呼應金馬民眾的期待，而致效果不彰，同時還衍生了虛設戶籍及假臺商等誘人犯罪的措施，嚴重違背立法宗旨，為此多位立法委員於二〇〇五年九月還提案質詢陸委會。

臺灣地區民眾經申請許可由金馬入出大陸地區者，為利入出境管理的一致性，目前查驗證件已調整以護照代替金馬入出境證；設籍金門馬祖六個月以上者，基於兩岸「小三通」的邊區貿易架構，現階段仍以核發金馬入出境證，做為身分查驗的主要依據。

入出查驗，完整配套

放寬華僑於重要節日得以團進團出方式專案申請許可由大陸地區入出金馬。加強建立大陸人民來金馬觀光旅遊審查及管理的完整配套，以便利旅行業務的推動及確保品質。

基於實際需要，榮民出生地（或籍貫）為大陸福建省，放寬調整得經金馬往返兩岸，其臺灣榮眷亦可隨行。為增進「小三通」對金馬地區的經貿活動，從事與試辦通航業務有關航運、商貿活動（包括驗貨、採購、銷售及售後服務、洽簽合約、參加商展等）等企業負責人，得申請專案許可經金馬入出大陸地區。基於特殊事故的緊急返臺需求，臺灣人民因天災、重病或其他特殊事故，得專案申請許可由大陸地區經金馬返回臺灣。

此外，為鼓勵臺商子弟返回金馬接受我方基礎教育，對於非屬於經濟部核准範圍內的大陸臺商子弟返回金馬就學，得核發金馬入出境證，其父母併從寬處理。

中轉資格，放寬規定

政府基於「小三通」建置之初，係為促進離島建設，為金馬人民生活上實際需求與便利性，開放設籍金馬六個月以上居民，得經由「小三通」往返大陸地區；金馬旅臺鄉親亦為臺灣本島居民，涉及人員中轉問題，須綜合中轉的人數、大陸方面、國家安全、交通航運設備負荷等各方因素，予以考量放寬。

此外榮民適用「小三通」是從二〇〇七年三月三十一日開始，政策放寬原籍或出生地為大陸地區榮民，均可比照福建籍榮民適用試辦通航實施辦法，經由「小三通」進出大陸。

派駐人員，改善環境

二〇〇六年一月二日立法委員曹爾忠質詢陸委會時說：「有關人員往來，大陸開放的幅度比我們大多了，現在大陸連落地簽證、一年多次簽證都有了，但是大陸地區人民要來金門、馬祖，我們卻連審核工作還要送到臺灣審核。我們先不要做這個比較，光是對『小三通』駐馬祖的人員所提供的工作環境和生活設施，我們就有愧對他們的感覺，多少年來也沒有改進。」

以駐馬祖單位而言，辦公場所狹小，多為借用，且散處各地，工作環境不佳外，生活環境也不完善，影響員工的工作情緒。海關、疾病管制局、入出境等工作人員，派駐在外面，除日常生活不便外，連吃飯也是大問題，長期外食加上地方餐飲選擇性少，造成員工流動性大。這些問題監察院在地方巡察時即已注意到，也要求相關單位改善。

四、檢疫通關措施

所謂「檢疫」（Quarantine），根據「世界衛生組織」（WHO）於一九六九年一月第二十次世界衛生大會對檢疫的解釋，即是「船舶、航機、火車、公路、車輛等以及其他交通工具或貨櫃等，經衛生當局認為有染疫嫌疑及攜帶染疫媒物時，為防止病疫擴大，而採行之措施」。

另根據WHO於一九七〇年七月八日在漢城召開流行病學監視與國際檢疫會議，獲致「檢疫」工作的結論如下：參照國際衛生條例規定，實施機場、港口建議方法技術的改進。國際檢疫機構對傳染病管制及研擬流行病學監視方法概念的改變。除辦公廳外，應設置檢疫中心、檢疫艇、檢驗室、隔離病房或小型醫院等設備。

簡化手續，方便查驗

從我國檢疫制度上看，海港檢疫發展最早，邊疆檢疫次之，航空檢疫乃最近數十年的事。我國的檢疫所，實際上亦蘊含了航機、船舶的檢疫工作及國際疫情交換。

近年來，檢疫的概念隨著時代的進步而改變，其範圍也日趨廣泛。由於國際旅遊急速增加及人權意識高漲，加上便民及快速通關作為，已成為各國追求的目的，致使檢疫工作無法像過去一樣嚴格執行。

例如，以前登輪查驗黃皮書，係將全體旅客職員集合在甲板上逐一點名查驗；現在則改為凡非來自疫區的船隻准予比照觀光輪船，由船長事先準備一份乘員的名冊，加以審核或遇必要時再予以抽查，省時簡便；而船隻進口亦准「具結」提前核發檢疫單，以便辦理結關手續，黃皮書除初次申請，隔日核發外，其餘均改為隨辦隨發，來自監視疾病地區的旅客登陸後三小時，即將追蹤監視名冊以快速方法分寄各地衛生單位。

在人員方面實施「特事特辦」檢疫措施，為因應擴大「小三通」人員往來上的頻仍，目前金馬航線實施「人等船」方式，做到「船到旅客下」，提前填寫「入境健康檢疫申明卡」，對旅遊團體旅客特設綠色通道，對低風險旅客和攜帶物品實施快速查驗措施，旅客無須停滯，可以快速通關。

港埠檢疫，分層負責

監察院的糾正案與地方巡察非常重視金馬離島港埠檢疫工作的落實情形，目前是由衛生署疾病管制局在料羅港及福澳港設置檢疫站，執行港埠檢疫工作，包括：船舶人員檢疫、港區衛生管理以及進口水產品檢疫。

一般檢疫、防疫工作疫情監視，則由衛生署協助金門、馬祖衛生局加強一般防檢疫工作，包括：掌握大陸地區的疫病資訊，提升金馬地區醫師傳染病診斷能力，加強衛生防疫工作人員相關訓練，辦理疫情調查，提升檢驗水準。

此外有關動植物防檢疫工作，由農委會動植物防疫檢疫局高雄分局及基隆分局於金門、馬祖設置檢疫站，負責執行相關動植物防疫檢疫工作，包括：加強大陸地區輸入金門、馬祖的動植物及其產品的檢疫。加強金門、馬祖運往臺灣本島的動植物及其產品的檢查及處理，防杜走私境外動植物及其產品挾帶病蟲害入侵我國。

SARS疫情，防疫缺口

為防範SARS疫情藉由「小三通」管道侵入金馬地區，海岸巡防署曾於二〇〇三年四月四日頒布「金馬地區巡防單位因應嚴重急性呼吸道症候群防處作為」，指導海洋及海岸巡防總局同步訂定具體強化查緝措施，對越界大陸漁船採加強執行驅離措施，對驅離無效大陸漁船，要求執勤人員在做好相關防疫措施後，登臨檢查，並在無SARS徵候下，採取海上即時處分後再行強制驅離。

大陸曾是SARS和禽流感的高危險區，「小三通」擴大實施若無有效的管理機制，可能會帶來臺灣較高的風險。應加強兩岸口岸檢疫把關措施，嚴防疫情跨境傳播，兩岸應進一步加強對進出口貨物、運輸工具、以及人員的檢疫等把關工作，期能在口岸檢驗檢疫方面，做到確保疫情不跨境傳播。

行李直掛，方便通關

監察院的糾正案特別針對規劃開辦「小三通」旅客行李直掛業務，要求立即改善，並應研議建立一套標準作業程序，以減少旅客行李多次提領的不便。因受惠糾正案，相關航空公司陸續推出「小三通」旅客行李直掛業務服務專案。

立榮航空推出「金廈一條龍」，強調兩岸便捷的交通服務，省時又省錢，讓旅客在臺灣及廈門之間來去自如。華信航空推出「兩岸快易通」，遠東航空推出「兩岸新捷運」，復興航空則推出「金廈快線」等，均是強調提升服務效率的專案。

廈門張姓臺商首次利用「小三通」返臺即購買「金廈一條龍」套券，他說打一通電話即安排好船位、機位，費用也比經過香港、澳門中轉省下將近新臺幣一萬元，「小三通」比預期中還要方便。對於機船聯運機制，廈門臺商投資企業協會前會長黃鐵榮則指出，一票到底可省掉預訂位的不便，但臺商都是帶著行李中轉，希望碼頭設置行李輸送帶，進一步提供行李直掛的服務。

政府試辦金馬「小三通」，係以確保國家安全為最高考量，因此非常強調安全協調會報機制的運作，並致力維護治安，加強打擊犯罪。「小三通」試辦迄今，並無重大安全事故發生。同時監察院二度糾正與多次地方巡察金馬地區海、岸巡防單位，建議持續強化各項偵監設備、加強人力部署，有效查緝岸際走私偷渡，以及偵辦中轉走私與接駁案件等，均可看出監察院地方巡察小組劍及履及的精神，及其針對地方巡察所付出的心力。

第九章

全方位行動

一、走私偷渡難以遏阻

監察院提出糾正案，移送行政院或有關部會，促其注意改善，行政院有關部會應立即進行適當的改善與處置，並應將改善情形，以書面函覆監察院；如逾二個月仍未將改善處置的事實答覆監察院時，監察院各有關委員會應召開會議討論，得經決議以書面質問，或通知有關部會主管人員到院質問。又如對各部會的答覆認為尚須查詢者，尚得行文有關機關查詢，或推派監察委員進行調查。

監察院在分就二案提出糾正案後，並非就此按兵不動，仍持續透過中央部會之答覆與地方巡察座談等各種管道，持續針對「小三通」業務檢討重點，進行全面追蹤瞭解，希望達到真正興利除弊的目的。

行政院早在一九九四年六月即頒訂「金馬地區加強緝私方案」，對於緝私權責雖有明確區分，但在執行過程期間卻出現諸多紛擾，如私貨認定困難、處理程序效率緩慢等。尤其在安輔條例廢止後，當時主管機關包括海岸巡防司令部、海關均未能及時進駐。又因存在有人力、裝備不足、缺乏獎勵等問題，以致緝私績效不彰，防杜走私的成效自然有限。然而歸納金馬地區走私偷渡難以遏阻的根本原因，尚有以下各項因素：

㈠保守心態，驅離無效：金馬地區最高軍事機關礙於兵力減少、兩岸關係的壓力及未具有司法警察身分等因素，在海上執行勤務時，不願意因強制驅離常會造成傷亡，而改採岸際緝捕方式為主，致使大陸船舶毫無畏懼，直接進入禁限制水域從事漁事工作，造成大陸漁船無法有效取締。

㈡警力有限，顧此失彼：金馬地區四面環海，海岸線長，以金馬地區警察局當時執行查緝走私偷渡的編制警力總數，如再扣除刑事、交通、行政、保安、消防、警衛等勤務工作，實際可投入緝私工作的警力，實在很有限。

㈢法治淡薄，查緝困難：「安輔條例」廢止後，民眾對於駐軍檢查權限產生質疑，對於檢查人員時有挑釁，而駐軍為顧及軍民和諧，盡量採取隱忍的態度，造成民眾得寸進尺的心態，使查緝工作日益困難。

㈣地域相近，認定困難：大陸與金馬近在咫尺，農漁產品的認定易生爭議，尤其大陸物品鑑定委員會自一九九八年底裁撤後，形成是否是屬於大陸物品，難以判斷，駐軍實施臨檢查扣大陸漁產更增困難，執法漏洞日益擴大。至於岸上或市面查獲私貨的窘態，亦是如此。

㈤刑罰失靈，有恃無恐：現行法令對走私犯罪的處罰，除私運、運送、銷售、藏匿管制物品進出口逾公告數額，最重可處七年以下有期徒刑外，其他為數眾多的小額貿易走私僅依海關緝私條例處以沒入或罰鍰。且走私分子常以人頭頂替，初犯多獲緩刑判決，使走私犯有恃無恐。

㈥執行查緝，有其困境：金門海域淺灘與礁石甚多，影響巡防艇航安，如遇海象不佳時，金門北面海域巡防艇大都無法航行，讓走私不法分子更易一舉衝破防線。加上兩岸走私已成集團化，大陸方面又採放任行為。

二、未能達到除罪化

㈠岸邊貿易，情況增加

為什麼大陸人民甘冒被取締的危險進行岸邊貿易？因為金馬民眾有需求，有需求就會有供給，加上大陸產品因為比較便宜，而大陸人民為維持家計，也就甘冒風險進行岸邊貿易，就地緣生活圈而言，金馬與大陸沿海，自古以來即有相互依存的密切關係。

由於海運管道便捷，在暴利驅使下，私梟與人蛇集團常進行走私偷渡，嚴重危及社會治安與經濟秩序，甚至造成傳染病疫情的入侵；而大陸漁船越界捕撈、我國漁船遭大陸挾持及海上喋血等迭有發生，嚴重影響我國漁民權益。

㈡免徵項目，不切實際

此外依據「離島建設條例」第十條第二項規定：「澎湖、金門及馬祖地區之營業人進口並於當地銷售之商品，免徵關稅；其免稅項目及實施辦法，由財政部定之。」財政部依據該條例的授權規定，於二〇〇〇年十月四日發布實施「澎湖金門馬祖地區進口商品免徵關稅實施辦法」；另免徵關稅的商品項目，經會商有關機關，包括行政院農業委員會、經濟部及離島縣政府等機關，於同年十月六日及二〇〇一年七月十三日分別公告「澎湖金門馬祖地區進口免徵關稅項目清表」一百六十四項及一百五十四項商品，共三百一十八項商品免徵關稅，也未能切合金馬當地民眾的需求。

再根據金門、連江縣政府答覆監察院時均指陳：「目前公告之三百一十八項免稅項目，迄今金馬並無實際受益，考其原因，係不能契合民眾實需，基於政策上規定進口到金馬的貨物不得中轉臺灣，考量金馬人民民生需求，及落實除罪化，建議擴大免稅項目，以能符合民生需求為目標，將地下經濟導向正軌。」誠為一針見血的建言。

㈢總量管制，不符民需

行政院雖於二〇〇二年六月十九日院會通過陸委會提報的「小三通」重要政策調整的建議案，將在總量管制下，適度擴大開放大陸農產品得以進口金門、馬祖，並配合減免關稅，以利建立正常的民生用品進口管道，讓「小額貿易」及走私行為能夠逐步消除。

經濟部依據該建議案於二〇〇二年十一月十四日公告擴大開放准許金門、馬祖地區輸入大陸物品項目，計二百九十六項，其中農產品限量開放禽蛋、桂圓肉、米、紅豆、花生、糖等二十二項（乾香菇及金針等則尚未開放），工業產品則限量開放紡織品二百七十四項。因採總量管制，仍不符地區民需。當時金門民間甚至流行一句順口溜：「你不通，我不通，中轉不必通。」相當程度反映民意落差。

㈣進口數量，不成比率

但根據監察院調查發現，自二〇〇二年十一月至二〇〇四年十一月三十日止，金門地區自大陸進口民生物品數量統計：含蔬菜與高粱，僅有一千二百餘噸，占總進口數二億三千萬噸比例，可謂微乎其微。馬祖地區：自大陸進口民生物品僅有一百一十七噸，占總進口數一億五千八百萬噸，亦不足為道。

經濟部固然於二〇〇二年十一月十四日公告擴大開放准許金門、馬祖地區輸入大陸物品項目達二百九十六項之多，但實際申請進口的民生必需物品件數甚低，金馬民眾僅得以走私管道進入，因此該項政策，確有其失當之處。

驗證行政院所曾揭示「適度擴大開放大陸農產品得以進口金門、馬祖，並配合減免關稅，以利建立正常的民生用品商業進口管道，讓非法小額貿易及走私行為能夠逐步消除」的政策，已然出現跳票，又引發民怨，尤其需要檢討改善。

㈤虛設行號，逃漏稅捐

不法業者利用離島地區減免稅捐特別規定，虛設公司行號而逃漏稅捐或以人頭虛設公司行號而從事商業上詐欺的犯罪，或衍生各種仿冒、違反著作權、專利法等經濟案件。

兩岸犯罪集團藉「小三通」便利管道，利用陸上走私或海上接泊，由金馬地區或航線轉運槍彈煙毒私貨，不僅私運入臺灣本島，甚至接泊於其他國籍輪船而運輸至他國，一旦讓金馬地區淪為「犯罪物品的轉運站」，非但會危害國家安全，一旦引起國際輿論指責，更會有損國家的形象，凡此均應防患於未然。

三、走私接駁未能根絕

「小三通」實施初期，雙方往來確有「通人不通貨」的現象，且多為我方「單向直航」，主要原因除中共因素使「小三通」實施進度較為緩慢，且過去金馬地區與大陸進行交流並無合法商業管道，在「小三通」實施後，正常商業機制之建立亦需若干時間的醞釀發展，因此初期雙向人貨往來及經濟效益較難顯現。

自二〇〇一年三月三十一日首艘大陸籍貨船自漳州載運砂石順利運抵金門，相關貨運往來申請已逐漸展開。為促進離島建設，增加金馬地區商機，政府在二〇〇二年十二月開放福建臺商生產所需物品可經金馬中轉大陸，但因大陸方面未能配合開放，以至於貨物往來呈現「大陸來的多，我方去的少」的現象。其中以物品的走私中轉與人員非法進入大陸最值得關注。

(一)非法轉運，走私中轉

走私中轉案件，係以漁船改裝的貨船，從事兩岸間海上非法轉運，轉運物品以電子產品、汽車零件、電腦及工業半成品、民生用品等，其中不乏為臺商在大陸設廠所需的零件。

海巡署所屬巡防單位，雖針對船上人員與載運各項汽車零組件、五金、化學原料等物品及疑欲從事中轉走私的船筏加強查察盤問，瞭解貨主、送貨人及貨物用途等資料外，並於可疑船隻出港後，以雷達鎖定航向，發現與所供目的地航向不符或前往大陸時，即通報在航巡防艇追檢或於該船到達目的地港後，詳查船上貨物數量狀況等作為，但仍然無法有效遏止，造成穿梭兩岸載人貨的地下行業猖獗活躍的現象。

㈡走私接駁，進出大陸

目前金門、馬祖地區因環境特性所致，與大陸交通往來僅能依靠海路，因此國人非法赴大陸只有選擇搭船，單趟交通費用僅約新臺幣一千元至三千元不等，行程約四十至六十分鐘便可抵達福建港口。而入出境可概分為下列方式：漁船報關非法赴陸、未報關非法赴陸、利用海釣娛樂船非法赴大陸及利用島際交通船非法進出大陸等。

金門、連江縣政府答覆監察院時均指陳：「小三通實施近四年，人之通行已有較大幅度改善，偷渡出境情形，已較前大幅減少，而貨物運送因受限於船的申請許可問題，仍以『走私接駁』為之。」益顯其問題的嚴重；且對於走私槍、毒、經濟管制物品（如各種農漁種苗等）及臺灣黑道、司法案犯的偷渡入侵等，影響外資投資意願及擾亂社會治安的犯罪問題亦將更趨嚴重，相關主管機關未策定標本兼治方案，均有失當。

㈢菸毒走私，影響治安

一九九九年三月，陸委會公布各海上執法主管機關三年來執行大陸漁船進入限制、禁止水域績效，共驅離大陸船隻五萬三千餘艘，查獲偷渡案件一百九十七人。陸委會法政處於二○○五年公布數據顯示，十年來自大陸走私來臺煙毒達三千餘公斤、麻醉藥品二十五公噸、槍枝更多達二千四百多枝，嚴重破壞我國治安。另根據財政部關稅總局的統計，從一九九二年到一九九八年間查獲的大陸私運物品總值高達新臺幣二十五億元，嚴重擾亂我國市場秩序，也讓關稅收入減少。

法務部施茂林部長於二〇〇七年六月間指出，根據情資，全世界百分之八十的鴉片是由阿富汗生產，且是「蓋達」恐怖組織收入來源之一。阿富汗生產的鴉片近來走私途徑為透過中國新疆再到東南沿海及東南亞地區，目前已嚴密注意是否有經由臺灣離島轉運的情形。

施茂林表示，近六年來金門、馬祖等離島地區貨物轉運向海關申報僅八十二件，可見絕大多數貨物進、出口均未報關，產生逃漏稅情形，日前已請財政部注意這問題。同時指出，近年來已在金門查獲自泰國北方金三角循中國雲南、廣西、廣東及福建毒品走私路線，且離島地區走私物品主要包括一般民生用品、原物料、違禁品及槍枝，已要求檢察司、政風司協調海巡署等相關權責單位，嚴防外島地區淪為暢通的走私管道，共同防堵治安缺口。

四、食品衛生檢疫仍有疏漏

監察院認為金馬地區食品安全衛生問題，不容輕忽。而且根據調查資料顯示「乾貨類食品比生鮮食品不符規定的比率最高」，而乾貨食品因得以攜回臺灣本島，對於遊客權益及健康影響更深，況衛生署於監察院約詢時坦承「食品由大陸中轉（走私）至臺灣之案例，應該是有」，顯現其問題的嚴重，相關主管機關無法嚴格執行食品衛生檢查工作，明顯有其疏失之處。

監視計畫，仍有疏漏

二〇〇一年四月一日，經濟部標準檢驗局為加強金門地區進口大陸食品的管理，已在金門成立標準檢驗局高雄分局金門辦事處，職司輸入食品的查驗業務，為加強大陸食品的管理，經濟部標準檢驗局每年另訂有監視計畫，針對較有不符規定情形的食品（如乾香菇、乾魚翅、竹笙、農產品等）加強管控。該局並訂定金門馬祖蔬果殘留農藥檢驗監視計畫，自即日起實施。

另為確保消費大眾知的權益，金、馬地區衛生單位不定期稽查市售大陸食品的標示，並抽樣食品及蔬果送藥物食品檢驗局檢驗，並隨時上網更新檢驗結果供大眾參考，另亦發布新聞及辦理相關宣導活動，呼籲民眾勿購買未經進口檢驗把關的走私食品。

產品標示，不符規格

然而依據《消費者報導》二八一期（二〇〇四年九月號）刊載〈直擊金門問題食品和中藥〉一文總結發現：在二十五件有包裝的樣品中，有十九件樣品的標示不符合法令規定，不合格比例高達七成六，其中甚至有八件完全沒有標示，顯示商品的標示概念應該要再加強。另外，觀察到市面上存有由大陸輸入的商品，未做完整的中文標示，明顯影響消費者的權益。

東山模式，現場檢驗

大陸福建省與金門、馬祖的民間小額貿易由來已久，是開展最早的省分，隨著兩岸「小三通」規模的逐步擴大，兩岸人民又對小額貿易的認知不一，且「小三通」實施以來，又未能達成我方當初「除罪化」的目標，造成兩岸小額貿易愈發嚴重。

所謂「東山模式」主要是因應水產品對臺小額貿易量少、品種雜、船次多，進出港時間不確定等，而貨物以自購為主、並採現金交易等情況，運用海域監測與現場檢驗相結合的靈活方式，開設綠色通道，實行「坐等服務」與「隨叫隨到」的措施。

馬尾模式，查核貨證

「馬尾模式」主要針對來自臺灣的低風險商品實施聲明保證措施，逐批核查貨證，先予卸貨入庫，並按最低比例抽樣檢測，達到快速通關；對涉及進口強制認證的少量設備零配件，由實際使用人提出自用的書面證明後，准予通關。由於兩岸的檢疫法律與法規不同，在執法上容易造成落差和標準不一。

總之，金馬的走私偷渡的總數量，相對於臺灣地區而言，雖然微不足道，但是由於金馬地區介於兩岸中間，無論地理位置、語言生活習俗、血緣均近於大陸，因此，亦與臺灣與大陸間的走私模式不盡相同。又偷渡的發生原因、特性、動機等亦是如此，諸如，不法分子透過金門轉運站所架設的第三條走私偷渡「棧道」，經常讓執法者防不勝防，足以破壞臺灣地區社會財經安全網；走私物品中若涉及檢疫病毒，例如口蹄疫、植物病蟲等，將會造成極大的損失與傷害，相關單位均應更加警惕才是，這也是監察院提糾正案及辛苦參與調查的委員們所念茲在茲的重點。

第十章

臺商的需求

一、兩岸人民交流往來

唐朝詩人李白有一首詩〈下江陵〉：「朝辭白帝彩雲間，千里江陵一日還。兩岸猿聲啼不住，輕舟已過萬重山。」該詩的意境最能生動描述兩岸「小三通」從無到有的發展歷程，兩岸人民的交流往來，將會因「小三通」政策的推動，成為沛然不可擋的風潮。

兩岸條例於二〇〇四年三月一日修正前的相關規定：基於大陸配偶來臺與臺灣地區配偶共同生活，與一般大陸地區人民來臺探親的短期目的不同，因此凡大陸配偶必須符合：結婚已滿二年，與現任臺灣配偶所生子女在臺灣地區設有戶籍者，其臺灣地區配偶年逾六十五歲或為中度以上身心障礙者，才能申請來臺團聚。

兩岸條例於二〇〇四年三月一日修正後的相關規定：調整大陸配偶來臺制度，取消現行大陸地區人民結婚來臺半年須離境半年之限制規定，改以大陸地區人民與臺灣地區人民結婚後即可以團聚方式申請來臺，團聚停留期間不得逾六個月，必要時得申請延期，每次來臺總停留期間不得超過二年。

二、來去自如的便捷通道

臺灣居民來往大陸通行證，簡稱「臺胞證」，是中華人民共和國政府發給臺灣人民來往大陸地區觀光、商務、探視的身分證明書，只供進出大陸地區使用，不能用作國際旅行證件，不同於護照。每次入境需要「簽註」，臺胞證成為臺商第二張身分證。

臺胞證是大陸官方唯一承認的臺籍人士證件，必須持有該證件才能入境大陸，除了做為出入境證件之外，臺胞證同時也是臺商居留大陸期間的身分證明和一紙小小的護身符。

行政院二〇〇六年十二月三十日又政策宣示擴大「小三通」，將放寬非福建地區的中國榮民可為「小三通」的適用對象，工商團體組團赴福建參展，以組團方式參加福建舉辦的學術會議等活動，經專案許可者，得經「小三通」往返，中國人民到金馬旅遊的每團人數，調整為更彈性的五人以上、四十人以下，開放措施將使「小三通」繼續加溫，樂觀預期二〇〇七年自金門入出境人數將突破七十萬人次。

臺商往來金門

現在，只要當你站在金門的土地上抬頭往上看，在空中飛翔和即將降落的不再是淺黃墨綠色的軍機，取而代之的是五彩繽紛的民航客機，坐在裡頭的，不再是保國衛民的阿兵哥，而是提著筆記型電腦的臺商與觀光客。

二〇〇六年六月二十六日陸委會指出，政府應利用金馬地處兩岸中介地理優勢及相關法令授予金馬有利條件，進一步完善當地就學環境，鼓勵臺商子女返金馬就學，提供臺商子女返臺就學的新模式，並研究開放福建臺資企業的大陸籍幹部至金馬就讀推廣教育，以協助大陸臺資企業發展。

自二〇〇二年起，金門縣政府為配合中央「根留臺灣」政策，並在教育局的積極努力下，開始招收大陸臺商子女來金門學區就學，經過五年多來的努力，臺商子女就學人數由最初的十五人，大幅成長到二〇〇六年的一百餘人。

一條龍的通關設計

自從「小三通」開放後，兩岸距離的概念一再被更新，假如你從松山機場登機那刻開始，到金門經由「一條龍」的地接服務，進入金門水頭碼頭出境，全程只要經過三小時，你便可以到達廈門和平碼頭，與原本需要一天的交通時間，實有天壤之別。

既然是「小三通」，也並非是單向往來，在水頭碼頭來來往往的人潮中，雖然尚未到旅遊旺季，但是仍有許多來自大陸的遊客，拿著通行證件準備來一趟金門之旅。

所以現在漫步在金門街道，無論是慈湖的鳥或是翟山坑道的景點參觀，都可以看見大陸遊客拿著相機四處合影留念，在許多高粱、菜刀、麵線、貢糖的特產店裡，更可以看見在語言相通下，買氣與談笑聲同樣高漲，成為金門觀光的新氣象。

水頭商港客服中心暨專用碼頭，於二〇〇五年十一月四日啟用。距離監察院首次提出的糾正案，已有二年多了。先後歷時三年興建落成的聯合辦公大樓，建在通往小金門和廈門的水頭碼頭岸邊，這棟七層樓的建築，一樓為「小三通」旅客入出境通關和候船的空間，除了擁有比照國際級港口規模的旅客出入境服務設施之外，還附設有免稅商店，已大幅度改善昔日監察院首次糾正案中的相關缺失。

臺商返鄉，春節專案

金馬「小三通」已經成為福建地區臺商往返兩岸的便捷途徑，二〇〇三年春節預計約有一萬五千名大陸臺商、眷屬經由金門或馬祖返鄉過年，而每年春節前的五天，也都是金馬「小三通」疏運的高峰期。基於服務臺商的考量，陸委會早已成立「臺商窗口」。

截至二〇〇三年十二月底為止，福建地區臺商當年度已申辦一年多次金馬專用入出境許可證者已達二一、七〇〇餘人，二〇〇四年春節期間將經由金馬「小三通」往返總人數高達二萬五千人次。

二〇〇七年春節擴大「小三通」專案依往例辦理，期間為二月五日至三月五日，實際入出境疏運人數，共計七七、七二七人次。此次春節專案疏運，創下三項紀錄，包括金馬兩地入出境單日創新高、單向出境創新高及單日航次往返創新高，顯示「小三通」已為臺商慣用往來兩岸的管道之一。

海基會表示，近年來春節大陸臺商經「小三通」返鄉專案，得以順利辦理，要感謝陸委會、交通部、內政部警政署入出境管理局等政府相關單位，廈門、福州等各地臺商協會的鼎力協助促成，也要特別感謝金門縣政府多年來現地辦理小三通事宜所付出之心血與努力，讓經由「小三通」返鄉的大陸臺商，在踏上金門國土後，即備感溫馨及濃厚的人情味，並使返鄉臺商都能在安全、便捷的情況下，順利返鄉過年。

臺商生涯，面臨挑戰

二〇〇七年四月全中國各地正式成立有臺商協會，已達一百零一處，從最南邊的海南島到最北的哈爾濱都有。常居在大陸的臺商都知道，大陸從實際的行政體系，到基層商業的運作體系，更像是個大型的邦聯國家，與其說是一個國家，還不如說是三十二個經濟實體的組合。

由於大陸各省的差異化與多樣化，連不同省分的人相處一室，都會有格格不入的感覺，更何況是分開發展已經四十年的臺灣與大陸，來到大陸如果不能放開心胸，以寬廣的視野，又怎能瞭解這塊瞬息萬變的市場，因此臺商的生涯處境，越來越具挑戰性。

許多大陸的臺商幹部掀起工作保衛戰，不能適應、人際關係太差，均面臨淘汰的命運。不少臺商企業主反映，企業成軍五年內最倚賴臺幹，此後每二年淘汰一批技術幹部；每五年淘汰一批中間管理幹部。

大陸配偶，適應境遇

中華救助總會祕書長葛雨琴說：「大陸配偶常常參加我們的聯誼活動，一次活動來了好幾百人。花蓮、臺東人數少些，臺北、臺中、臺南人數多一點。而且大陸配偶，很多還會到救總來當志工。」

自救總開辦諮詢專線以來，幫助了許多大陸配偶，平常諮詢電話不斷。甚至一些家庭糾紛都會找上他們。沒有工作權和居留權的大陸配偶，即使有技能也不能工作，只有其臺灣籍配偶在六十五歲以上、殘疾、低收入等情況下，就可以馬上得到工作權。

陸委會法政處處長楊家駿說：「大陸配偶來臺，剛開始是比較緩慢的，可是後來隨著兩岸政策調整、放寬後，人數明顯爆增。最高時每年有三萬至三萬九千對之多。」然而國內從二〇〇四年二月開始，採取大陸配偶入境進行面談方式，以防杜假結婚，該年結婚人數從之前每年三萬多人硬生生掉到一萬餘人。另根據內政部最新統計，二〇〇六年大陸配偶數約一萬三千人。

實地訪問，通關設施

筆者於二〇〇七年十月二十五日實地訪問金門服務站陳祥麟主任，特別針對金門「小三通」有關海關軟硬體相關設施等相關問題，歸納如下：

移民署金門服務站成立於二〇〇七年一月二日，其前身為內政部警政署入出境管理局，為配合政府二〇〇一年一月一日與大陸通航的政策，於二〇〇〇年十二月成立，目前編制人員十二位，因申請案件成長快速，每日同仁幾乎均須加班，以辦理審查、發證等業務，平均每週每位同仁須加班十二小時。自改制移民署後，於該署的服務年資尚未滿一年，唯站內同仁公務員服務年資平均約十四年，服務士氣良好，非金門籍占三三・三%，金門籍占六六・七%，比率為一比二。

目前出入境通關處所仍嫌狹窄，查驗證照的空間與查驗檯數不足，整體硬體配置設施仍有待提升。如果海關通關空間足夠大，有關旅客通關檢驗流程便利性與便捷性應該可以再提升。目前國人可以走「小三通」的資格，已放寬到包括臺商、榮民、金馬籍鄉親以及部分大陸配偶等，粗估人數約有一百二十萬人。二〇〇六年經金門「小三通」出入境查驗人次為六二三、〇三〇人次，每日平均近二千人次。二〇〇七年十月三十一日當天由金門「小三通」進入大陸廈門（含泉州）有一、二四七人次，由大陸廈門（含泉州）到金門水頭有八百五十六人次。光金門地區「小三通」至二〇〇七年十月底已達六一四、四四五人次（我國籍五三四、五一三人次，大陸籍七九、九三二人次）已非常接近預期人次。

金門「小三通」一年中進出人數最高峰的月份及日期，為國曆一、二月及七、八月，大抵為春節與寒暑假期間。出入境人次維持在三千多人次。相關設施尚足以支援通關旅客的基本需求，唯面對一直成長之出入境人次，通關設施與船席可能要再增加及改善。

針對大陸地區人民須具備什麼條件才可以走「小三通」？有關大陸配偶入境，貴服務站是否需要負責面談？平均一個月需要面談幾人次？發生不准入境的比率約為多少等問題？其條件包括國人配偶或被探人戶籍在金門、馬祖或澎湖、福建出生或設籍在福建地區的大陸配偶，循「小三通」至金馬澎旅遊，其他「小三通」交流等專案核准者。大陸配偶入境面談，於金門水頭港目前係由該署專勤隊人員負責，一至十月面談二百三十六人次，不准入境的為六人。

綜合上述問題的探討，顯見金馬「小三通」無論硬體與軟體相關設施方面，均有其可提升服務品質的空間。

三、即時救援的醫療機制

因重病而循「小三通」管道返臺就醫的案例，一般稱為「醫療小三通」。什麼狀況下可以採取「醫療小三通」？需要具備什麼條件，才能提出申請？如何申請？整個過程又是如何運作？

人道救援，兩岸合作

小安安的父親陳朝福是一位往來臺灣、上海科技公司的職員，由於懷孕的大陸籍妻子意外早產，小安安於二〇〇四年五月在上海出生，因早產三個月，再加上早產導致肺部發育不健全，必須依賴呼吸器維生，住在新生兒加護病房長達四個月之久。經由臺灣醫師評估過病情，以及家屬想將小安安送回臺灣治療的意願強烈，因此引起兩岸媒體高度重視。

海基會在接獲陳先生的請求後，立即協調有關部門，並告知可搭乘民航機、包租醫療專機或經由「小三通」返國方式，及所應備具的文件，隨即進行金門－廈門－上海的相關流程模擬與協調。二〇〇四年八月小安安經由陸海空接駁方式，從上海、廈門、金門到臺中，經過長達一千八百公里、二十小時的長途飛行後，終於在八月十二日下午順利抵達臺中榮總醫院；小安安是從中國返臺就醫中年紀最小的病人，也是第一個順利透過「小三通」管道返臺就醫的案例。

小安安的父親為臺灣人民，母親則為大陸人士，當案件發生時，小安安屬於尚無臺灣戶籍身分的國民，亦即非臺灣地區人民，但基於人道考量，在法律的許可範圍內，仍得變通並予以彈性處理。

此次臺商之子小安安在兩岸相關單位共同努力下，能成功循「小三通」模式從金門直接空運返臺接受治療，為兩岸人道救援留下溫馨感人的一個成功案例。在目前兩岸政治氣氛低迷的情況下，小安安的案例，不但充分展現愛心無國界的精神；亦為兩岸帶來新的合作契機。

生命無價，親情感人

若沒有小安安一行人拿生命去搏，就沒有人敢再一次接送如此重病傷患，二〇〇五年上海各界，將小安安新聞列入年度十大感人新聞，因為在中國大陸像小安安這樣重病女嬰多數被放棄，同樣生命，卻因小安安案例被突顯；另一個重要原因是，透過陳爸爸長期的努力，遠從臺灣到大陸透過層層申請與轉折突破，促使各項昂貴精密醫療器材，兩岸緊急醫療體系實際進行整合合作，今後可以長途數千公里不中斷的運送各樣年紀與重病的病患，這樣的意義非凡。

救援機制，響徹雲霄

小安安的父母在接受媒體訪問時數次哽咽的說，他們所做的並不是為自己，而是希望將這種特別的愛與表達方式傳承下去，希望這些故事的許多細節能觸動更多人來鼓舞兩岸良性互動合作，從人道、醫療救援開始，從關懷早產兒開始，目前兩岸有這樣需求的人很多，而有這樣實務經驗的人和單位都很少。

小安安事件採取「小三通」模式，其過程中引起兩岸政府單位、醫療機構、航空公司、新聞媒體的關切與協助，曾引起兩岸媒體大幅報導，也因此引發各界要求擴大「小三通」人道救

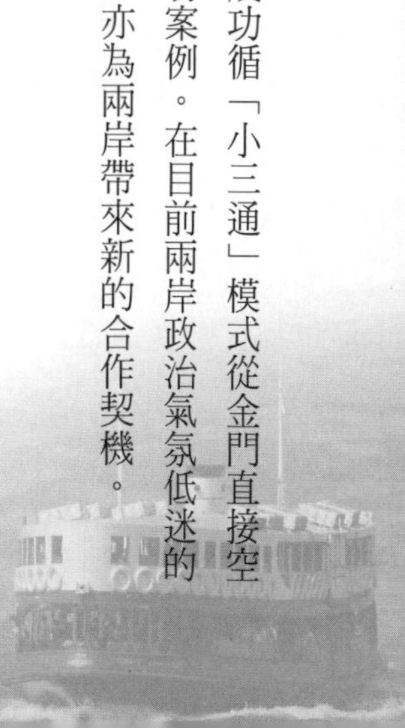

援機制，以及盡速建立「金廈聯防海上救援機制」的呼籲，更是響徹雲霄。

目前自金馬回臺灣的後送機制可分為：搭固定班機回臺，搭直升機回臺以及搭空消隊專機或海巡支援船回臺。

四、合理的政策鬆綁

金門「小三通」自二〇〇一年一月二日啟動之後，當年旅客進出人數二一、三七七人次，二〇〇三年為五三、六八一次，二〇〇四年為四〇五、五五〇人次，二〇〇五年為五一八、七一九人次，二〇〇六年為六二三、〇三〇人次，六年累計為一、七八二、四六〇人次。根據內政部入出境及移民署金門服務站統計，二〇〇六年金門「小三通」入出境旅客人數，入境為三〇九、一三七人次，出境有三一三、八九三人次，總共是六二三、〇三〇人次，為歷年最高紀錄。金門機場出現運輸量不足、功能局限，已是不爭的事實，亟待航政單位改善。

人貨成長，考驗設施

金馬地區自二〇〇一年起實施「小三通」業務，開放金門水頭及福澳港為離島兩岸通航港口，根據交通部統計六年來進出口船舶量，平均每年成長幅度高達八成五。從二〇〇一年至二〇〇七年六月，金馬「小三通」進出口裝卸貨物，金門已達一四六萬九、七三三公噸，其中進口一四六萬五、九六三噸、出口僅三、七七〇噸；馬祖三六七萬五、八三〇噸，其中進口二六三萬六、三三八噸、出口一〇三萬九、五〇二噸，但金馬兩地進口與出口量均不成比例。

二〇〇六年金門「小三通」旅客入出境人數，由二〇〇五年的五一八、七一九人次，增加一〇四、三一一人次，成長率約為二十・一一%，可謂「小三通」政策逐漸開放帶來的現象。二〇〇六年金門「小三通」的重要措施，包括五月一日起金馬旅臺鄉親「小三通」不受團進團出限制、六月八日起增加金門和泉州石井港新航線、七月一日起金門和廈門航線一天增加為二十班船、九月一日起開放中國觀光團遊金門在地辦證等，將促使「小三通」旅客大幅成長。

二〇〇六年十二月二十九日陸委會劉德勳副主任委員舉行記者會提出「小三通檢討與改進方向」報告。自二〇〇一年元旦起實施的金馬「小三通」，原本僅是為邊境貿易而設計，後來因往來較省時方便，逐年檢討擴大搭乘對象，目前除設籍金馬民眾、金馬旅臺鄉親外，福建臺商及榮民均可適用「小三通」。

旅客統計，去多來少

二〇〇一年至二〇〇六年，金門「小三通」入出境人數，由二萬七八一一人成長至六十萬三、九八三人，成長了二十九倍；而馬祖地區入出境人數從四、〇九二人成長到四萬五、五七六人，成長了十一倍，截至二〇〇七年六月，從金門「小三通」入出境的人數，已超過二一〇萬四、一四二人次，馬祖也超過了十四萬六、〇九三人次，金馬合計二百二十五萬二三三五人次，預估二〇〇七年，金門將突破七十萬人次，馬祖也將突破五萬人次，金馬「小三通」提供了香港、澳門以外，兩岸交流交往另一便捷的管道：唯大陸地區人民入出境，從二〇〇一年至二〇〇六年，在金門地區僅十二萬九、五一〇人，在馬祖地區僅二萬二、〇九〇人，均僅占同時期金馬入出境人數的七・七二%與二二・五八%，其中大陸來金馬觀光的人數更少，兩岸入出境人數產生嚴重的傾斜現象。

表三　金馬「小三通」航線進出港旅客人數

單位：人次

年別	總計			金門水頭港			馬祖福澳港		
	總計	我國籍	大陸籍	合計	我國籍	大陸籍	合計	我國籍	大陸籍
總計	一、九〇二、四一〇	一、七四五、八〇七	一五六、六〇三	一、七八二、四六〇	一、六五二、九四七	一二九、五一三	一一九、九五〇	九二、八六〇	二七、〇九〇
二〇〇一	二五、四六九	二三、四二二	二、〇四七	二一、三七七	一九、四八九	一、八八八	四、〇九二	三、九三三	一五九
二〇〇二	五八、一八四	五五、五七二	二、六一二	五三、六八一	五一、六九六	一、九八五	四、五〇三	三、八七六	六二七
二〇〇三	一六七、三五七	一六一、一〇九	六、二四八	一六〇、一〇三	一五五、一五一	四、九五二	七、二五四	五、九五八	一、二九六
二〇〇四	四二七、二〇一	四〇三、四四八	二三、七五三	四〇五、五五〇	三八六、二一〇	一九、三四〇	二一、六五一	一七、二三八	四、四一三
二〇〇五	五五五、二七三	五一六、六六九	三八、六〇四	五一八、七一九	四八八、六〇三	三〇、一一六	三六、五五四	二八、〇六六	八、四八八
二〇〇六	六六八、九二六	五八五、五八七	八三、三三九	六二三、〇三〇	五五一、七九八	七一、二三二	四五、八九六	三三、七八九	一二、一〇七

資料來源：內政部警政署入出境管理局金門服務站及馬祖服務站。

第十一章

提升醫療品質

一、藍色國土與海洋法的精神

臺澎金馬位居西太平洋第一島鏈的中心位置，扼控臺灣海峽、巴士海峽，鄰近太平洋，地緣戰略位置極為重要，更是海洋資源蘊藏豐富的地區。

「小三通」與「藍色國土」關係非常密切，而所謂「藍色國土」的概念，除了含括一國的內水和領海外，還包括鄰接區、專屬經濟區（EEZ）及大陸礁層等總稱，是一個整體的概念。「藍色國土」的開發及經營，包含航運、海洋環保、以及觀光休閒等領域。

海洋公約，海洋權益

做為一個海洋國家，我們應該有計畫、有組織的經營海洋，使臺灣不但能積極利用海洋資源，同時也可聯合海洋國家，共同因應來自海洋的威脅。換言之，海洋的經營不但是國家安全戰略所需，而且可融合我國的海洋與外交戰略目標，使海洋成為支撐和平民主的基石。

「聯合國海洋法公約」於一九九四年十一月十六日生效後，各沿海國家莫不經營發展海洋事務，紛紛宣布二百海浬專屬經濟海域，爭取海域權益，使海域爭端日趨複雜化，我國周邊海域亦復如此。此等客觀條件下使海權強國更關注臺海動態，更使中國在注重海權發展的同時，將臺灣及周邊海域定位為國家戰略的重點。

除了地緣因素外，若干歷史因素也導致臺灣海域蘊含各種不安定因素。首先，臺灣從明清至日據殖民時代，雖曾經歷東西歷史交會歷程中的大航海時代，但也因各種政治因素或海盜猖

玁而實施過「海禁」。戰後更因兩岸長期對峙，戒嚴時期的海岸線及臺灣周邊海域都受到嚴密控管，影響國人對海洋的認知。

海域主權，認識不足

這樣的長期封鎖，不但導致人民對海洋認識不足，更有懼怕的心理。二次大戰結束後，當時政府的基本國策是「反攻大陸」，不論是國家戰略或資源運用均以陸權思考為主。這些歷史、政治因素使得海岸線變成臺灣人民視野與足跡的界限，政府也未能整體掌握海洋問題，充分思考海洋的戰略重要性及臨近海域所提供的機會。

在這樣的歷史、地緣與快速變化的國際競爭環境下，使我國海域主權權利及資源逐漸遭受侵蝕，在社會層面亦面臨偷渡走私叢生等人為因素所帶來的挑戰，以及天然災害和海洋保育的問題。

海岸巡防，專責機構

我國海防工作長期以來係由內政部、國防部等單位，分別執掌相關事務，為改善事權不統一現象，有效維護海上治安，確保我國海洋權益，國家安全會議於一九九九年三月十八日提案成立「海岸巡防專責機構」，規劃整合原國防部海岸巡防司令部、內政部警政署水上警察局、財政部關稅總局等單位，於二〇〇〇年一月二十八日正式成立「行政院海岸巡防署」。該署下轄海洋巡防總局及海岸巡防總局，其中海洋巡防總局下轄二十一個海巡隊，而海岸巡防總局下轄四個地區巡防局、八個岸巡總隊、十八個岸巡大隊及東沙、南沙指揮部，負責維護海岸及海域秩序與資源的保護利用，以落實「海洋立國」的政策目標。

海岸巡防署現有人力約一萬五千人，各式巡防艦艇一百六十餘艘，岸置雷達七十七座；平時擔任海岸管制區的管制、防止滲透及槍、毒走私、防疫等攸關國家安全事項。

組織條例，任務職掌

二〇〇〇年一月十四日，有關設立海岸巡防專責機構的「海岸巡防法」、「行政院海岸巡防署組織法」、「海岸巡防署海岸巡防總局組織條例」及「各地區巡防局組織通則」等法律案，經立法院三讀通過，並由總統於同年一月二十六日公布，二月十六日正式揭牌運作。

海洋事務繁雜，且各具專業，不論在岸、海執法、海難搜救、海洋環境保護、海上交通安全維護等，均需不同領域的專業人才、設備等，始能克竟其功。必須結合國防、海巡、交通等海域監偵及船舶交通服務系統（VTS），綿密海域監控管理，並規劃成立「全國船舶動態資訊中心」，強化對周邊海域的監偵能力，同時結合民間航運業，以提升防護功能。

漁船安全，緊急救護

各國為防止漁船海難事件的發生，均依照聯合國國際海事組織一九九七年「漁船安全國際公約」的規定實施，金馬地區港務單位為配合行政院農委會漁業署遠洋漁業開發中心持續辦理加強漁民海難應變能力，實施船員海上求生、船舶滅火、急救及救生筏操演等單項災害防護訓

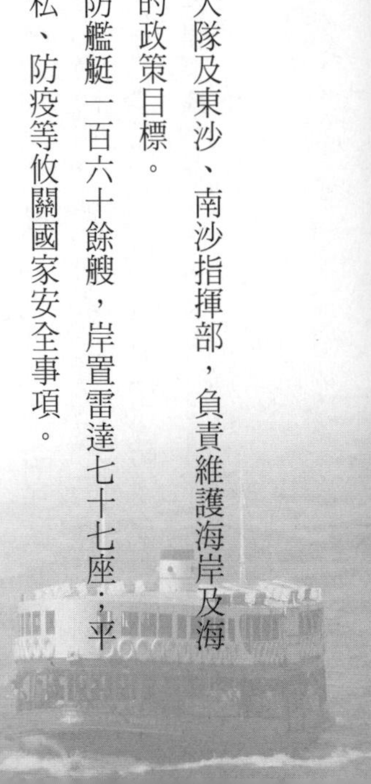

練，特別注重實際操作及定期演練，以維護漁船船員海上生命安全，對幹部船員訓練增加海難分析等相關課程。

二、SARS事件與離島防疫體系

二〇〇三年兩岸SARS與「非典」疫情事件，嚴重挑戰「小三通」邊防檢疫應變能力，即便是此次SARS疫情讓兩岸人民有驚無險，但是由於「小三通」來往旅客日漸繁忙，出入境人數成長快速，有關兩岸防疫體系的運作，將益發急迫與重要。

SARS病毒，衝擊社會

嚴重急性呼吸道症候群（Severe Acute Respiratory Syndrome，SARS）於二〇〇三年首次在人類社會爆發的傳染病，臺灣地區從三月間臺大醫院接獲一名可疑病例以來，到先後發生和平、仁濟及高醫等院內感染事件，使全國百姓籠罩在SARS的風暴中，此期間對整個社會而言，在醫療保健體系及心理層面上均帶來極大的衝擊。遭SARS病毒感染的病患，可能發生肺部纖維化，甚至會引發呼吸衰竭而導致死亡。在全球二十九個國家傳出疫情，通報五千四百餘人感染，其中三百五十三人喪生。

停止航線，因應疫情

為防範SARS疫情藉由「小三通」管道侵入金馬地區，海岸巡防署曾於二〇〇三年四月四日頒布「金馬地區巡防單位因應嚴重急性呼吸道症候群防處作為」，指導海洋及海岸巡防總局同步訂定具體查緝措施，對越界大陸漁船採加強執行驅離措施，對驅離無效大陸漁船，要求執勤人員在做好相關防疫措施後，登船檢查，再行強制驅離。另自二〇〇三年四月二十八日起，於金門、馬祖與大陸間海域中線採二十四小時嚴密監控及查緝作為，同年五月五日由臺灣緊急調派兩艘巡防艇前往支援，五月十九日再增援四艘膠筏、組員四十人執行金門水域查緝；同時岸上兵力亦前推於岸際重點地區，全面防制小額貿易人員的接觸。

風暴擴大，恐慌傳染

同期間連江縣亦加強流行疾病防治工作，為防範SARS及禽流感侵入，即時實施機場、碼頭出入境人員測量體溫及相關防疫措施，加強禽流感防治衛教宣導。

從當時社會各界的反應來看，因臺灣的SARS風暴正急遽擴大，尤其全球感染病例及死亡案例直線上升，更使國內陷入一片SARS恐慌中，各種形式口罩搶購一空、股市暴跌、國際或境內會議決定延後，以及「小三通」於二〇〇三年五月間緊急叫停一個月等事件的反應，的確反映了國人對SARS疫情的恐慌情形。直到世界衛生組織於二〇〇三年七月五日宣布，全球已有效阻斷SARS疫情的傳播，已無新增SARS病例，國人對疫情的恐慌心理才告一段落。

在SARS疫情過後，「小三通」恢復開航，疾病管制局特別公布「SARS後國人赴大陸地區旅遊防疫須知」，提醒大陸地區仍然是多種傳染病疫區，希望旅客做好自我健康管理。

染病案例，無法後送

金門地區於二〇〇三年五月初曾通報有疑似SARS病例陳女士與許女士兩人，擬由金門縣衛生局安排後送到臺灣治療，不料，卻遭到簽有空中救護合約關係的德安航空拒絕以直昇機後送，此期間陳女士不幸病逝於金門縣立醫院，一度引起地方各界嚴重關切。當時德安航空的直昇機已停在金門機場，卻不願後送SARS通報病患到臺灣，看在離島縣民眼中，有一種被遺棄的感覺。

此件離島疑似SARS病患後送不成的個案，由於陳女士的犧牲，加上地方輿論嚴厲批評，因此引起中央醫療單位的重視，曾指示由中華民國空中緊急醫療救護諮詢中心（SOS），以有移動式負壓隔離艙的專機後送，也建議可以由消防署的B234直升機後送。

在當時也發生另一件被廣泛探討的事件，因臺商在大陸有感染SARS疑慮想返臺，而政府卻顧慮臺商會將病原帶回臺灣，此事件在當時國內媒體亦喧騰一時。此外在澎湖亦發生感染SARS的居民，竟要勞駕總統親自下令，歷經三小時四十分鐘的海風吹襲，才順利後送到高雄榮民總醫院醫治。凡此相關事件，均與離島緊急防疫體系的建置有關。

總之，在SARS疫情蔓延期間，我們看到的是離島緊急醫療救護機制的失靈，以及缺乏救援經驗的應變方案，以致一度造成遺棄離島百姓的心理現象。

三、分級啓動邊境防疫

衛生署疾病管制局為盡速解決SARS期間所衍生的問題及需求，為防止類似二〇〇三年間SARS挾流感流行威力所帶來的恐慌，在SARS疫情告一段落後，正式成立「流感期SARS防治作戰動員組織」，並配合行政院「SARS防治作戰指揮中心」的運作，建立各部會分工平臺，推動包括「邊境檢疫措施、感染症醫療網、防疫物資管控」等相關政策，訂定分級啟動機制、各項工作標準作業流程及其相對應指揮層級。

邊境管制，篩檢病例

政府為加強針對高危險群體之有效邊境管制措施，強化邊境防疫檢疫工作的效能，以有效篩檢境外移入疑似病例。同時為加強國境管制、防治傳染病傳入國境，並強化地方政府對於邊境防疫檢疫權責，於新修正的傳染病防治法特別增加「檢疫專章」，並持續辦理入出境旅客、國際航線班機機組員及兩岸「小三通」船舶船員發燒監測工作，及「SARS及其他傳染病防治調查表」填報，期能早期發現疑似個案，並作適當處置，以阻絕疫病於境外。

陸委會、交通部、內政部及衛生署等訂定有標準作業程序，增加邊境防疫管制強度，對於大陸地區人民、香港居民來臺及國人自大陸地區或WHO公布之「最近有SARS傳播的地區」入境者，一律採行「入境者居家隔離」十天規定，並對WHO所列「最近有SARS傳播的地區」人士，暫停核發來臺停、居留簽證。並責成海巡署及內政部等機關加強查緝偷渡、走私等工作。

另與農委會、海巡署建立合作管道，建立「人畜共通疾病監測網絡」，加強大陸漁工的檢驗走私查緝，以期讓邊境防疫工作滴水不漏。

緊急啟動，後送機制

政府在經歷此次離島SARS疫情的挑戰，累積了以下運送模式：包括建置一個安全有效SARS防疫後送機制，防治委員會已指定由中央健保局協助床位協調、衛生署疾病管制局負責指導運送的安全程序。澎湖病患的後送，可經由指定船隻後送臺灣。金門、馬祖後送的交通問題，則由內政部、交通部及國防部協調辦理。由疾病管制局研訂「SARS病患空中救護暫行指引」，該指引針對以專用航機運送，並不適用於商用載客用航機。

二〇〇四年一月十九日衛生署陳建仁署長一行，在金門縣長李炷烽、衛生局長陳天順引領下，先後視察尚義機場發燒篩檢作業，包括紅外線體溫量測過濾發燒旅客等防疫作業，以及縣立醫院發燒篩檢中心、負壓隔離病房及二床負壓隔離病房等設施。經過SARS疫情的嚴厲挑戰，有關「小三通」防疫設施與作業流程，均已改善許多。

口蹄疫病，兩岸傳染

口蹄疫是偶蹄類動物的惡性傳染病，屬於「動物傳染病防治條例」傳染病。早在一九九九年五月中旬，亞洲華爾街日報率先報導中國大陸福建、雲南及西藏三省爆發牛、豬隻口蹄疫。因金馬鄰近福建省，又因海域走私與小額貿易風氣很盛，行政院農委會乃於同年五月下旬函請金門縣政府畜產試驗所及澎湖縣家畜疾病防治所採取轄區內的牛、羊血清及咽喉食道液送往檢測。

在確定金門牛隻已遭O型口蹄疫病毒入侵後，疫情監測工作全面展開。金門地區發現緊鄰新瑤記與邵色福牧場之陳承才與吳文德二家牧場均有非結構蛋白抗體陽性與中和抗體力價上升的現象，四家牧場均被列入撲殺場。其中陳承才牧場送檢血清的中和抗體全部在二百五十六倍以上，吳文德牧場檢體經病毒分離呈陽性，抗原檢測結果亦證實為口蹄疫病毒感染。另外於一九九九年七月六日又從金門周錫達牧場黃牛所採的咽喉食道液用PCR直接檢測到O/Taiwan/99病毒的核酸，其血清陽轉現象亦非常明顯，因此該牧場的黃牛亦被撲殺。

由於金門地區約有三千頭牛，其中一部分黃牛輸入臺灣屠宰。調查結果顯示新瑤記與邵色福牧場的黃牛曾於五月份輸入臺灣，流向臺南縣善化鎮劉三和的畜牧場與板橋江子翠供屠宰，因此必須對這些屠宰場及周邊三公里內的牧場進行追蹤檢測。果然從劉三和與周邊的黃文祥牧場的檢體中分離到口蹄疫病毒；北部方面，從板橋江子翠周邊牧場則未檢出陽性反應。由於此次兩岸口蹄疫病毒事件，迄至二〇〇六年底，金門活體牛隻仍無法順利銷往臺灣地區，對金門畜牧業影響很大。

公共衛生，不分國界

金門縣衛生局長陳天順指出，「小三通」實施七年來，經歷了SARS、禽流感防疫等問題，金廈兩邊口岸已經建立防疫網，二〇〇六年金廈兩門衛生局在廈門市召開「金廈航線公共衛生研討會」，二〇〇七年則召開防疫業研討會，對於強化「小三通」防疫將起積極的效果。

邊境防疫，整體配套

二〇〇六年四月二十四日陸委會於委員會議提出「加強金馬小三通防檢疫防範禽流感入侵工作」，該報告指出，為加強金馬「小三通」入境檢疫及旅客中轉本島，相關機關已建立六道防線的聯合防檢疫機制。

二〇〇六年五月二十九日海巡署官員代表在陸委會委員會議中提出「加強金馬『小三通』防檢疫防範禽流感入侵」工作報告，說明該署針對金馬地區及「小三通」海域，杜絕疫病藉由走私偷渡及大陸越界捕魚等管道入侵的相關執行情形。針對加強金馬「小三通」防檢疫防範禽流感入侵，協調警政署空中勤務總隊支援，以達到早期偵蒐的目標。

攔截海上，阻絕岸際

海巡署指出，為防杜禽流感等傳染病藉由「小三通」管道入侵國境，目前採取的具體作為包括組織性、集團性走私情報蒐集。海上、岸際不同區域加強巡邏勤務，驅離或取締大陸漁船及查緝走私、偷渡。「小三通」港口的安檢作業，因應擴大適用對象，增派人力支援，以防治挾藏違禁品入境。警政署空中勤務總隊支援，加強海域空中巡邏。同時利用各種機會與漁民進行座談，宣導防範違法走私等觀念。

該署本著「攔截於海上、阻絕於岸際、查緝於內陸」之勤務原則，除繼續加強推動「晴空專案」的具體查緝作為，對於突破海防登陸重大案件，亦積極追查，並研議因應之道。

四、常態化海上救援

「小三通」實施七年來，金廈往來旅客已經突破一百八十四萬人次，兩岸建立海上救難機制有其實際上的急迫性，地方民意期待空勤總隊直升機能早日進駐金門，以充分保障旅客安全。

前行政院院長蘇貞昌亦於二〇〇五年九月間提出兩岸建立海上救援機制的政策指示，希望陸委會等相關單位能依據此項指示，以前瞻、務實和負責的態度，授權金門地方政府與對岸廈門，進行地方與地方協商，以期及時建立海上救援機制，讓此次演習不致淪為演戲，而是實事求是的具體作為，以確保「小三通」人船的安全。至於權責單位由於牽涉兩岸協商進度，一時之間尚未能有具體成果產生。而海上救援機制必須海陸相關單位充分合作，才能達到預期目標。二〇〇六年九月十五日舉行金門縣萬安二十九號演習，特別模擬「小三通」客船發生海難的因應作業。李炷烽縣長特別呼籲兩岸應盡快建立海上救援機制，以確保「小三通」往來人船的安全。

五、兩岸緊急醫療後送

兩岸「小三通」愈來愈熱絡，已是擋不住的潮流趨勢，海上航行安全與緊急救難機制，在在都是值得重視的課題，金馬各界亦殷切期盼建立「兩岸小三通聯防海上救援機制」的呼籲，從未間斷。由於人命關天，這項牽涉兩岸緊急救援機制，正考驗兩岸政策尺度。

由於兩岸事務屬於中央權責，中央應主動統籌協調各海難防救單位，儘速建立「小三通」海域救難機制，有效與對岸各海事單位互動，俾使災難損害減至最低。

在中央尚未辦理前，應授權由地方政府與大陸福建省就近建立有效的相互支援機制，或授權由民間組織如紅十字會等組織，或由地區成立類似的救生協會，以非官方組織的形式，商訂兩岸救援機制。

大陸旅客，南投車禍

二〇〇六年十月二日，一個大陸旅行團搭乘的遊覽巴士在臺灣中部南投山區發生嚴重交通事故，造成五名大陸旅客和一名臺灣導遊不幸罹難，另有十五人輕重傷的事件。陸委會吳釗燮主委在第一時間致電行政院蘇貞昌院長，包括陸委會、海基會、交通部等相關部會均派員前往協助善後，交通部蔡堆部長接獲通報後也立即趕往南投處理。蔡部長表示，一切以救人為優先，政府將全力協助大陸旅客家屬來臺善後，交通部亦針對意外發生原因緊急召開檢討會議。

此次大陸旅客南投大車禍事件，讓兩岸再次理解到可以採取更積極、正面與人道關懷的作法，來開啟兩岸合作協商的事務。臺灣與大陸屬於同文同種，兩岸人民間仍有著血濃於水的情感，如果雙方能夠以同理心去瞭解對方人民的苦難，進而付出實際關懷的行動，一定可讓兩岸人民體驗到自由民主的多元樣貌，進而降低兩岸人民在認知及心理的隔閡。

兩岸紅十字會，密切合作

「金門紅十字會」曾於二〇〇六年底組團前往廈門市，先後拜訪廈門市「紅十字會」組織，商談兩岸緊急醫療協助事宜，以及拜訪廈門市臺辦、金門同胞聯誼會、臺商協會、市醫院、與「小三通」航線有關口岸海關、邊檢、檢驗檢疫、公安辦證中心等單位，雙方舉行座談商洽未來交流合作，其中，以建立「生命救助綠色通道」議題備受雙方關注，希望未來能加強兩岸急難救助，擴大人道關懷服務。

總之，由於「小三通」方案的試驗與推動，讓兩岸人道救援的工作更加順暢，但距離建立正常化救援的機制，仍然有一段距離，尤其是海上救援機制的演練與應變能力，更屬當前的重要急務，監察院在數次地方巡察與部會約詢中，亦非常重視有關海上救援機制的推動。

第十二章

金馬前途與經貿發展

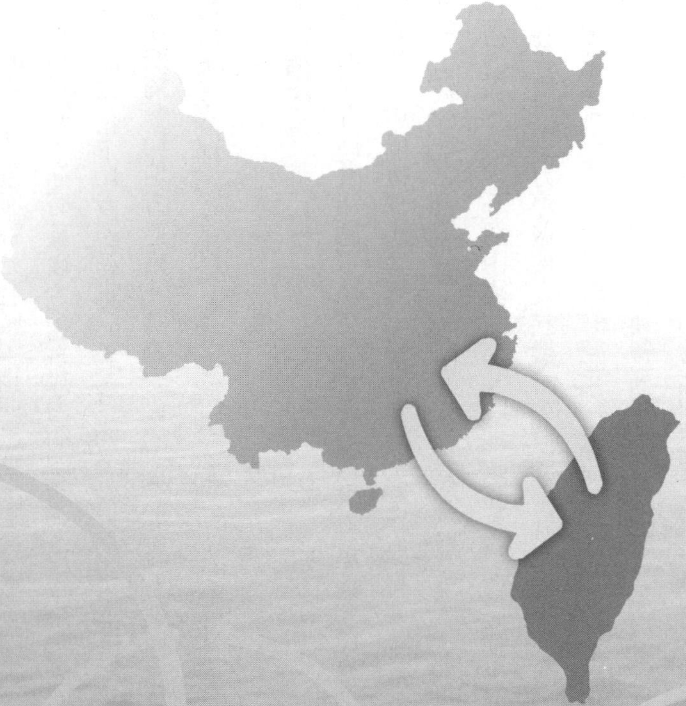

一、金馬航線的拓展

金馬地區的經建計畫與觀光發展，長期以來陷入停滯不前，發展方向不明的瓶頸，是有其先天環境因素的限制，亦有其後天經營無力的問題，近年來，雖在「離島建設條例」與「小三通」試驗方案的催化下，已有初步的經營成效，但仍亟需要中央有關兩岸關係政策的大幅開放，這也是監察院參與地方巡察及調查委員的一致共識。然而金馬的經貿建設，倘若只寄望於「小三通」試驗方案的成效，則將會繼續陷入「七年之疾難求三年之艾」的發展困境。

金門航站，持續改善

金門地區於一九四九年國軍駐防後，曾於西洪五里埔興建機場一座，一九五一年六月國防部核准復興航空公司班機飛航金門，每週一班，至一九五八年八月二十三日因砲戰而停航。隨即機場以軍事作戰考量遷移尚義，改由空軍班機飛航，至一九八七年因往返臺金旅客日益增加，政府為因應民意需求，乃由國防部及戰地政務委員會協調交通部、民航局等單位，奉行政院核定借用尚義機場軍方停機坪及候機室，並於一九八七年九月由遠東航空公司首航臺北－金門航線，為臺金民航空運開啟了新的紀元。此後二十年來陸續有復興、立榮、國華、大華、長榮、瑞聯、華信等公司先後加入營運行列。

金門航空站自成立以來，迄二〇〇七年已邁入二十週年，平均每年服務臺金旅客超過一百二十萬人次，除提供旅客安全完善的服務外，對金門地區觀光事業發展及交通運輸貢獻良多。

此期間民航局為配合國軍精實專案，自二〇〇〇年一月三日起正式接管金門尚義機場，之後民航局即持續改善機場場站相關設施，以期逐漸提升飛航安全及服務品質。

開放民航，黃金航線

金門開放民航之後，因往返臺金旅客劇增，為因應民眾需求，配合政府推動金門地區綜合建設計畫，由民航局斥資新臺幣十一億五千餘萬元，在尚義機場東北側，另行闢建民航專用站區，於一九九四年三月一日正式成立金門航空站，專責場站營運管理，提供旅客安全、便捷、舒適的空運服務、以帶動地區經濟繁榮與進步，同時亦為金門地區航空運輸創下新的里程碑。目前臺、金空中航線隨著金、廈兩岸「小三通」的通航，已成為國內空中黃金航線。

北竿機場，新建航站

一九九四年五月十三日，馬祖地區開放觀光，而當地的自然、人文及戰地特色，使其成為觀光勝地。北竿島早年是馬祖群島的重心，但在國軍駐守後，為免擾民，而將行政中心設於南竿，結果反使南竿成為連江縣政經中心。但北竿鄉也因此得以保留淳樸的民風與自然環境資源。在一九九四年大道機場開放民航後，北竿機場成為臺灣與馬祖間的空運走廊，地位又再次突顯。而北竿機場新建航站亦於一九九五年底正式落成啟用。

南竿機場，配合觀光

前往馬祖觀光，有空運與海運兩種路線。目前松山與北竿每天有三個班次飛機，航程約五十分鐘，機型是DASH 8-300、五十六人座中型客機，票價約一千九百元至二千元。南竿每日有七個班次，南北竿之間快輪每小時一班，只需十分鐘航行時間。海運方面，可從基隆搭乘臺馬輪前往南北竿等。

南竿機場原為軍方空投物資的小型機場，於一九九七年十二月三十一日經行政院經建會委員會決議辦理「馬祖南竿機場新建工程」計畫，請民航局負責規劃，委由國道新建工程局興建。於一九九八年七月開工，二〇〇二年十二月完工，總工程費耗資二十二億元，並於二〇〇三年一月二十三日正式營運啟用。

馬祖距臺灣本島一〇、一〇四海浬，海運時間較長，自南竿機場啟用，對外交通漸以空運為主，開航迄今即將邁入第五年，往返臺馬班次由原有十二班次增為二十班次，旅客運量自開航至二〇〇五年二月底，二年達三七六、三八四人次。北竿機場是馬祖首座機場，也是唯一擁有儀器輔助，具有夜航功能的機場，南竿目前仍是目視機場。此外為推動「小三通」海關業務及檢疫工作，須配合南竿派出所實施各項貨物安檢工作。

二、金門的觀光藍圖

金門四面環海，為典型海島，島上可供發展的產業資源有限，綜觀金門的歷史背景與現實產業環境，在整體發展已定位「觀光」為導向，全面拓展觀光事業，進而希望帶動全縣整體基礎建設。

影響地區觀光事業發展主要因素，包含大環境的不利因素，如「小三通」政策的設限、航空交通設施不足以及觀光資源整備不及等。而小環境的不利因素，主要是由於民間業者的惡性競爭，造成配套產品與服務品質的低落等。

工商發展，成效有限

金門工商業發展，長期受到環境主、客觀因素影響，民間並無大型企業出現，主要市集集中在金城、山外、沙美及東林。其間屬批發及零售業有萬餘家、住宿及餐飲業一百六十二家、製造業一百八十七家、營造業七十一家，其次為運輸業及金融保險業等。

在金融機構方面，臺灣銀行、臺灣土地銀行均在金門設有分行，民營金融機構復華銀行亦於二〇〇四年十二月來金門設立分行，而郵局、金門縣信用合作社等亦辦理存放款業務；截至二〇〇四年底，存款總額為五百五十四億五千餘萬元，放款總額為新臺幣四十九億九千餘萬元。民間雖有很高的儲蓄，但長期以來缺乏投資意願。

觀光發展，專責機構

金門地區為統籌規劃觀光發展，原先即設有觀光局，二〇〇〇年一月公布實施地方制度法及配合縣府組織條例實施，自二〇〇四年八月一日由「觀光局」更改為「交通旅遊局」，將編制從二課擴編成四課。

目前該局負責輔導民間觀光社團，積極執行全島風景名勝古蹟整建與維護，加強道路拓寬與改善，闢建休閒遊樂區，全力開發水、電資源，增強環保功能及全島景觀的美化與綠化，改善臺金、離島空中及海上交通，增加金酒、陶瓷產能、輔導民間投資觀光旅遊事業，提升鄉土特產品種類與包裝形象，輔導休閒農業升級，舉辦觀光及古蹟解說員講習、於金門航空站及「莒光樓」設立「金門觀光旅遊服務中心」提供各項旅遊服務、出版觀光旅遊書刊。同時積極爭取軍方加速進行海岸排雷工作，以營造優質的觀光環境。

國家公園，生態保護

金門自一九四九年後經歷了古寧頭戰役、九三砲戰、八二三砲戰等中外著名戰役，而做為保障臺澎安全的第一道防線，長期的戰備需要，使得島上各項防禦工事極為堅強，如太武山的中央坑道、擎天廳，瓊林的地下戰鬥坑道，馬山播音站，翟山、四維小艇坑道等，而在十字路口的反空降堡及空曠田野中的反空降樁，則保留了戰地風情。另有古寧頭、八二三、湖井頭戰史館均陳列各戰役相關的歷史文物。一九九三年中央為有效支援金門縣全面發展觀光事業，由內政部著手規劃籌設「金門國家公園」，此一重大政策，直接厚植了金門的觀光資源。

同時縣政府也積極爭取中央補助，配合執行一號公園、金門風獅爺石雕公園、莒光湖金城海濱公園、小金門陽山等風景區景觀工程建設、溪邊及烈嶼海水浴場、后湖、歐厝海灘公共設施、以及金龜山風景區的開發等，積極推動「閩南文化」、「戰役史蹟」、「海岸遊憩」、「自然生態」等主題遊程，以落實「觀光立縣、文化金門」的施政目標。

地區傳統聚落與歷史建築是最豐富的文化資產，在歐厝、珠山、水頭、瓊林、山后、南山及北山等七個傳統聚落中，大部分仍維持傳統閩南式建築，不論是磚石材料的運用、建築裝飾的表現、或是平面的布局皆變化多元，深具獨特的地方風格。另由僑匯所建的洋樓，更具有特色，形成多樣性的民居風貌，目前地方政府正積極申請聯合國教科文組織之國際文化資產登記。

新舊三寶，遠近馳名

金門的三大觀光特產：包括有「金風玉露」美譽的高粱酒、繾綣怡口的貢糖、烽火煉就的鋼刀。此外金門的「新三寶」則是風獅爺佑兩岸和平；一條根勝過高麗蔘；金門陶瓷名聲在外。在臺灣二十五個縣市中，只有金門縣政府沒有負債，全依賴大金庫金門高粱酒廠。以營業額言，金門高粱酒高達一百零三億新臺幣的年收入，僅次於五糧液、茅台，名列中國白酒市場中的第三名。

辦鷗鷺季，吸引旅客

金門素有「海上公園」美譽，自然環境在長期軍事管制下，生態受到高密度保護，海岸潔白的沙灘、清澈的海水、湛藍的天空，遍地綠樹成蔭，植栽覆蓋率達六十％以上，更是各種鳥類棲息的天堂，發現鳥種達二百八十七種以上。尤其是鷗鷺，每年十一月遠從北方來此度冬，隔年三月離開。常成群聚集在海岸及湖泊活動。在慈湖可見最大量的族群，黃昏時，常可觀賞數千隻鸕鶿鳥在黃昏夕陽下集體飛翔回巢的壯觀美景。

自二〇〇三年起，每年十一月至隔年一月份，均規劃策辦「金門鸕鶿季」旅遊推廣活動，以豐富的生態旅遊品質，迄今已辦理四屆，對地區旅遊景氣與特色增溫不少。

兩岸旅遊，配套行程

地區業者正設計「閩、廈、金、澎旅遊圈」的構想，希望設法打造金門成為「過境經濟」的範例，就必須先把「小三通」過境的角色扮演好，才能營造更有利的觀光機會。

大陸方面開放福建省民眾澎湖遊，必然要經金門中轉，為免落入現行過境旅客「足不沾地」、「只在機場、碼頭使用廁所」的窘境，無助地區觀光事業發展。相關部門，積極協助地區業者，在規劃旅遊行程中，納入金門的觀光景點，例如：金門兩天一夜、澎湖三天兩夜之旅遊配套行程。

當地觀光業者非常感性地期待著，如果金門有媲美香港轉航站的功能，也有發展觀光產業的條件，政府就不該拉著風箏線，不讓她高飛，當金門觀光業起飛的時候，就該讓她迎著風，隨著「心之所向」，飛往新的境界。因為我們相信金門這條始終和臺灣本土緊密相繫的血緣線，不會因為開放兩岸觀光而斷裂。

三、馬祖的發展願景

現任連江縣縣長陳雪生在接受大陸媒體採訪時曾感嘆說，「小三通」雖不是地方長遠發展的萬靈丹，但「小三通」對金馬來說是百年難逢的發展契機，在三大離島中，馬祖地方小、人口少、經濟力不足、交通又不便，不像金門那樣站在風頭上，而且馬祖與金門、澎湖相較，建設也落後許多，但無論從「小三通」、發展觀光業，到文化資產的保存，馬祖有一套完整的思維。至於馬祖的發展定位，陳縣長主張馬祖不必當「SOGO」大百貨公司，只要能做「7-ELEVEN便利超商」便已足夠了。

即便金馬長期以來，像兄弟般同舟共濟，然而在共同面對「小三通」通航競爭的壓力下，關心馬祖前途發展的知識分子，忍不住要在網頁上撰文大聲疾呼，當年「兩門對開、兩馬對進」，金門經過這些年努力，從戒嚴下戰地政務的「鐵門」，搖身一變成為「真金」的門。至於馬祖？能把一天一航班經營下來，已誠屬不易，真像一匹半殘的「馬」矣！金門的「毋忘在莒」已將金門未來願景高舉，而馬祖仍然繼續在「枕戈待旦」。

黃魚故鄉，魚源枯竭

馬祖列島位於臺灣海峽正北方，面臨閩江口、連江口和羅源灣，與中國大陸只有一水之隔，為海運要衝。原分別隸屬於福建省連江縣、長樂縣與羅源縣，現由中華民國管轄。

金馬開放觀光後，馬祖已不再神祕，馬祖列島主要由南竿島、北竿島、高登島、亮島島、大坵島、小坵島、東莒島、西莒島、東引島、西引島及其附屬小島共計三十六個島嶼、礁嶼組成。山巒起伏，除南竿山隴、北竿坂里、莒光田沃三處較平坦外，餘皆屬山峰峭壁，海岸則暗礁密布，村落集中在澳口附近，大都依山建築，風光秀麗。

地質為花崗岩錐狀島嶼，地勢起伏大。地形多谷地、灣澳，海岸花崗岩石，因受風化及波浪侵蝕作用，多崩崖、險礁、海蝕洞、海蝕門等地形，部分灣澳地區經過沖積與堆積作用形成沙灘、礫石灘、卵石灘。

漁業是馬祖傳統的產業，閩江口一帶也是世界知名的漁場，有「黃魚故鄉」的美譽，可惜近年來，這片富裕的海洋已被大陸漁船濫捕幾近枯竭，漁業人口也急遽銳減。農業因受限於山多平地少，消費人口少，農業收益有限。

觀光潛力，閩東風情

馬祖在卸下武裝鐵甲後，傳統閩東石屋、渾然天成的海蝕奇景和特殊的閩東人文特色，散發出誘人的旅遊風情。馬祖之名是因媽祖而起，島上仍流傳許多和媽祖有關的傳說，各聚落中幾乎都可以見到媽祖廟。觀光是馬祖優先策略性引進的產業，因無汙染、可帶動就業，增進民眾收益。馬祖獨特的島嶼地景、海域資源、戰地景觀、閩東聚落、福州佳餚都是觀光發展的潛力條件。

一九九九年行政院根據交通部觀光局研擬的計畫，核定馬祖為國家級風景特定區；並在同年六月成立管理處，專責開發建設及經營管理，十一月二十六日馬祖國家風景區管理處正式揭牌運作，範圍包括南北竿島、莒光島、東引島和亮島，及各島嶼周岸海濱，總面積為二五、〇五二公頃。

一九四九年兩岸關係隔絕，政府在馬祖設「連江縣」，至今仍是全國人口最少的縣治。目前，北竿除了駐軍外，實際居住約八百餘人；塘岐村是鄉公所、機場與多數機關單位的所在地，也是全鄉人口與商店最多、最繁華的村落，已有一家7-ELEVEN便利商店進駐。

戰地政務解除後，馬祖的觀光產業並未如金門般蓬勃發展，乃受限於臺馬海陸空交通不便。因此，在南北竿中型機場完工後，已積極從事相關的軟硬體設施的提升，包括住宿、餐飲、解說以及景點開發，希望及時打造馬祖成為「閩東之珠、希望之鄉」。

賞鳥活動，觀光資源

蔚藍的海洋，美麗的沙灘，花崗岩所形成的奇岩峭壁，造就了馬祖列島的自然景觀。馬祖位於世界三大漁產之一，即舟山群島一帶。漁場屬於大陸棚地，水淺而傾度緩慢平坦，又位於暖寒海流南北相匯之處，故魚類豐富，可供應海鳥食物來源。

過去因軍事的需要，有些島嶼常被國軍用來當做射擊訓練的場所。但隨著戰地政務的解除，這些無人島嶼也回歸自然，在沒有人為干擾的狀況下，海域又有豐盛的食物，使得這些無人島嶼成為海鳥繁殖的最佳處所，目前每年都會規劃「馬祖生態賞鷗之旅」。

紀錄中在各列島上繁殖的鳥類計有白眉燕鷗、鳳頭燕鷗、紅燕鷗、蒼燕鷗、黑尾鷗、岩鷺、叉尾燕等七種，其中黑尾鷗繁殖紀錄為全國獨一無二、珍貴無比，此外更有稀有鳥類如紅喉灣島、大水雉島、穴島、短尾水雉島、丹氏鷺鷥、黑頸鸕鷀、海秋沙、唐白鷺等均有在島礁上停留的紀錄。「神話之鳥」黑嘴端鳳頭燕鷗，連續多年都在北竿島礁現蹤，已傳為國際賞鳥的盛事。

閩東聚落，海域開發

馬祖列島被形容為「遺落在閩江口外的一串珍珠」，北竿雖是第二大島，卻擁有多項傲人的紀錄，包括：高登島距離大陸最近，約有九千公尺，天氣晴朗時，抬頭可望見福建的山水，廟宇密度全臺最高，平均每萬人有七十一家。

芹壁村是保存與修護最完整的閩東傳統聚落，已具國際知名度。橋仔村廟宇多，被形容為「神明比人多」的村落。全國第一座戰爭與和平紀念公園，興建於大澳山。

北竿島形狹長，山勢險峻，澳口林立，由東北至西南的聚落分布，依序為后澳、塘岐、午沙、橋仔、芹壁、坂里、白沙等村澳。由於閩江口的河沙長年堆積，各澳口都是極佳的天然海水浴場，非常適合開發成觀光勝地。

四、兩岸經貿的關係

金馬人目前所面臨的，並非一條前途未卜的迷途，雖然前方迷霧重重，但是濃霧散去，太陽會再出來。要給金馬人一個明確的發展方向，除了要靠本身的力量，並應匯聚共識，從民間到政府，上下同心協力，所謂「兩島齊心，其力斷金」。在這重要節骨眼上，金馬不應一再錯失良機，眺望廈門與福州一馬當先，金馬島嶼雖小，但百姓的志氣可不小。

目前百姓最感迫切的建設，並不是一項「不可能的任務」，而金馬人願意擔任「兩岸和平使者」的角色，也不會隨著國軍的大量撤退而落幕；換言之，金馬的地理優勢永遠存在，金馬人的家鄉也永遠在那裡，足以左右著兩岸和平交流的進程。

人貨往來，絡繹於途

自一九九六年至「小三通」啟航時，臺商在大陸福建投資項目達六、二九六項，合計金額一一六・九六億美元。臺灣地區人民赴福建探親旅遊經商，已達一百八十萬人次，其中在「小三通」開放之前，光二〇〇〇年就達到四十四萬人次。

兩岸「通航辦法」經政府相關部門多次檢討與修正，已逐步放寬規定，調整作法，而大陸方面，不僅已有客、貨輪直航，並開放福建地區人民來金馬旅行，均有助益於兩岸經貿往來正常化，帶動金馬經濟發展。目前實際運作情形如下：

㈠ 兩岸航運

1. 客運航線：金門至廈門、金門至泉州、金門至湄州計三航線。馬祖至福州計一航線。

2. 客船班輪：金門有太武輪、浯江輪、東方之星、馬可波羅輪、新金龍輪、同安輪、新集美輪、鼓浪嶼輪、捷安輪等九艘。馬祖有閩珠壹號、閩珠貳號、金龍輪等三艘。專案金門有金門快輪、合富輪二艘。馬祖有臺馬輪一艘。

3.來往航班：目前金門往返廈門每日共二十班。春節期間超過二十班。馬祖往返馬尾每日各一班。

㈡兩岸貨運

1.航線：金門至廈門、金門至泉州、金門至漳州、金門至大嶝、金門至湄州、金門至圍頭、金門至寧德、金門至福州、金門至南安，計九條航線。馬祖至福州、馬祖至賓州、馬祖至寧德、馬祖至廈門、馬祖至黃岐、馬祖至泉州，計六條航線。

2.貨輪：金門有萬順、東益等四十五艘貨輪參與營運。馬祖有新華輪、臺福八號等二艘。

3.漁船改裝為貨船：金門有九艘。馬祖有二十三艘。

㈢商品貿易

1.允許輸入金馬：金馬當地政府提報，經主管機關同意者，計四百五十七項。另臺灣准許間接輸入的項目，計八、一六九項。

2.允許輸出至大陸：金馬地區產製商品，臺灣報紙、香煙等，大陸福建臺商所需的臺灣商品，及進口金馬銷售免關稅商品，計三百一十八項。

3.由大陸進口：金馬地區商品均以砂、石、建材為主。

4.輸出大陸商品：金門以金酒、特產雜貨為主。馬祖以馬酒、地方特產為主。

㈣人員往來

1.二〇〇一年一月開放在金馬設有戶籍六個月以上，經申請許可由金馬進入大陸地區。

2.二〇〇二年八月修正擴增開放經經濟部許可臺商（含幹部及親屬）經金馬進出大陸。

3.二〇〇四年三月修正開放臺灣地區的福建籍榮民、金馬居民在臺親屬隨行赴大陸地區、大陸福建設有戶籍的大陸配偶，可經「小三通」往返大陸。

4.二〇〇五年二月修正開放金馬出生，人數在十人以上經主管機關立案成立達一年以上之金馬同鄉會團體申請，赴大陸地區進行團體交流活動者。

5.二〇〇六年十二月修正放寬公務員經「小三通」往返大陸資格，以及大陸人士來金馬旅遊組團人數限制等，其中人數修正由十人以上二十五人以下，調整限五人以上四十人以下。

6.二〇〇七年一至六月兩岸經由「小三通」往來船舶計二、六〇二航次，較上年度增加六三五航次；往來人員二十餘萬人次，增加二九・七%，其中我方人民十七萬兩千人次，占八六%，大陸人民僅二萬八千人次，平均每個月有四千六百人次。

(五)金融郵務

二〇〇五年十月三日核准金馬金融機構試辦人民幣現鈔買賣業務，凡符合金馬「小三通」往來大陸地區與金馬的國人與大陸人士，以兌換人民幣二萬元為限。金門有臺銀金門分行等五家。馬祖有臺銀馬祖分行一家。

(六)入境簽證

自二〇〇五年五月三十日起，旅客須先行於臺灣辦妥臺胞證及加簽，以免遭原船遣返。福建省公安機關口岸簽證僅接受「因緊急事務需要」辦理一次有效臺胞證及入境簽證，其他應提前辦好入境證件及簽證方可入境。

經貿議題，爭取開放

綜合現階段金馬地區民意的具體建議，均圍繞在經貿的重要議題上。包括民生物資的進口，常囿於申請程序複雜不便，關稅規費增加負擔，常態化進口產品不具誘因，以致走私現象仍然無法根絕，低劣大陸商品充斥市面，嚴重影響地區民眾健康與安全。原物料進口，可得輸往大陸商品雖品項繁多，但申請進口者少，且品項侷限砂、石及建材，未能發揮引進大陸廉價的原物料，以帶動離島產業發展。金馬福建海運市場日漸成長，但貨物單向輸入，加上臺灣商品仍不得經金馬輸入福建，回運空載率增加業者成本負擔，海運市場呈現單向傾斜，阻礙航運業正常發展。規劃設置「加工產業」、「兩岸貨品交易中心」等計畫迄今未能如期推動，對地區經濟發展未產生正向影響。在觀光旅遊方面，經多次問卷結果顯示，中國大陸若開放人民到金門觀光旅遊，有四三・一%的金門民眾認為金門可以吸引大陸觀光客，但金門最應該加強的是提升服務品質和醫療設施，其次才是遊樂設施、民生設施以及大型觀光飯店與海上活動。

五、離島的觀光發展

金馬均是海中孤島，且長期在國共軍事對峙砲火下，歷經半世紀的軍管限制，航運交通基礎建設嚴重不足，民生經濟長期依賴駐軍消費力支撐，當駐軍大幅減少，立即造成消費市場萎縮、百業蕭條。復因大陸走私農漁產品低價傾銷，原有產業土崩瓦解，幾乎沒有生存的空間，農漁民生活無以為計。

而唯一有發展前景的觀光產業，卻因政策處處受限，投資人不敢大手筆投資旅遊設施，以致開放觀光十餘年來，仍舊停留在低消費層次的水準，特別是觀光同業間削價惡性競爭，讓觀光業者長期陷入低附加價值的營運。

同樣是離島的澎湖觀光業，二〇〇七年八月份的《今周刊》，專題報導英資湄京集團（Amazing holdings）運用特殊的投資模式，將澎湖觀光議題加以包裝，並在倫敦另類投資板掛牌上市，提前將澎湖炒了十幾年的博弈題材實現，將成為澎湖發展的金雞母。

這塊位於澎湖馬公往南十六公里，這裡就是著名的澎湖風櫃口。在風櫃海濱有一片二十七英畝土地仍長滿荒草，安靜地迎接海風吹拂；但遠在五千公里外，熱鬧的英國倫敦股票交易所裡，這片土地已成為英國投資人每天殺進殺出的標的。這群英國人早在十幾年前就看上澎湖的潛力，因澎湖離臺灣只有四十分鐘航程，沙灘又很乾淨，很有潛力打造成為「東方夏威夷」！

觀光發展，依然受限

大陸自開放改革之後，以廈門市小小的鼓浪嶼，面積比小金門還小，每天吸引上萬人次的觀光客。僅有一水之隔，到廈門的觀光客，都希望順道到金門觀光。事實上，早在一九九六年，陳水在縣長任內即提出「金門觀光事業發展的構想與藍圖」，特別強調金門若能與廈門連結成旅遊圈，必定能吸引大量的觀光人潮，可惜金門地區十餘年來整體觀光資源的開發，並無明顯的進步，加上兩岸政策的限制，觀光成效有限。

福建省主席顏忠誠認為中央對於「小三通」無心來經營，他曾數次向行政院長建議，要將

「小三通」看成重要的施政，應設法放寬「小三通」政策，開放「小三通」人貨中轉，讓投資利益看得見，金門才會有商機。

縣長李炷烽也指出，「小三通」做得好，是臺灣的成就，而做不好卻由金門鄉親承受。廈門與新加坡天天有直航飛機，廈門與日本東京、大阪每週有三班直航飛機，以金門與日本平滬、大陸因鄭成功的歷史淵源，定能吸引許多日本觀光客直航廈門並利用便捷的金廈「小三通」來金門觀光，再由臺灣回日本，可以創造多贏，而中央政策的鬆綁是最重要的關鍵。

陸客不來，受限法令

二〇〇三年七月十四日，李炷烽縣長在接受《天下雜誌》「縣市發展專題」訪問時，談及金門發展定位與願景，強調發展觀光是金門重要的龍頭產業，但地區受到每年要繳近二十億元菸酒稅的影響，以及中央兩岸政策長期曖昧不明的束縛，已成為金門未來發展的最大阻礙，其呼籲中央重視金門的實際需求，就算財源不能支應，至少也要給明確的政策，否則，金門難有突破性的發展機會。

回顧歷年來至金門觀光的旅遊人口，曾由一九九三年的二十四萬餘人次，一路攀升至一九九七年的五十三萬餘人次；接著一路下滑至二〇〇〇年的三十五萬餘人次。二〇〇一年元旦實施「小三通」，經由金門往返大陸的旅客，再度帶動觀光人潮，讓二〇〇一年旅遊人數回升到四十六萬餘人次。此後雖有變動，但大都維持在四十萬餘人次左右，呈現出停滯成長的現象。

這種觀光客源長期難再大幅成長的情形，也造成目前業者惡性競爭的背景。從這段期間觀光客的統計數據上，已經清楚顯示「到金門觀光」已從早期嘗鮮式的吸引力商品，淪為缺乏地方特色的通俗性商品。

更具體而言，由於受限於法令和申辦手續繁瑣，「陸客」暫時無法方便「登門」觀光旅遊，但是，每年有二千萬來自北方或內陸的觀光客到廈門旅遊，光是二〇〇六年的春節假期，就有十餘萬人參加「海上看金門」活動，搭船出海只為看大膽島上「三民主義統一中國」一眼，因此，如果能讓他們前來「金門遊」，那將是多麼龐大的商機？尤其，金門若能成為「免稅經濟特區」，才可能有好的前景。

機會大好，情勢大壞

已設籍金門的學者傅崑成教授，也呼應金門現階段「機會大好，情勢大壞！」他曾於金門日報「島嶼觀測站」專欄上發表〈天上不會掉下來餡餅〉文章，表示「金門人最需要的，是建立一個長期有效的抗爭組織和機制，認真使用憲法給予的抗爭權力，用人民的力量，迫使執政黨將戰地政務時代所留下的各種不利金門發展政策，一一加以消除；如果金門人不敢衝、不敢拚，那麼金門的前途，恐怕很難快速改善！」

二〇〇二年十一月監察委員李伸一、趙榮耀等先後組專案小組調查臺商投資大陸現況、困境及政府執行兩岸政策情況，並提出調查報告，指出若兩岸直航，可節省的人、貨運輸成本，依陸委會資料估算，以臺灣每年有三百五十萬人次經由香港、澳門轉機大陸，則每年累計消費額約新臺幣五百億至七百億。再就貨物運輸部分，以兩岸每年貿易總額約三百餘億美元、間接運航增加約百分之二的成本估算，則運輸成本增加約七億美元。總計人和貨物因兩岸間接通航增加的運輸成本達新臺幣八百億至一千億元左右。很顯然兩岸一旦直航，「小三通」優勢將會降低。

縣長李炷烽在接受媒體訪問時指出，臺灣解嚴迄今二十年，但金門其實只有十五年。金門在人權自由被限制很多。而兩岸隔絕五十二年後的「小三通」，原本二十公里的路程，卻足足走了二千公里，他自己也是「小三通」試辦的立法推動者和見證者，因此感受最深，中央對「小三通」政策可以說是像切香腸一樣，只是一點一點給，金門鄉親期待深，但失落大。失落大是對人貨中轉的不滿，其實「小三通」最大受益者是臺商。

不作沙場，寧作橋樑

「我家門前有地雷，後面有靶場。」是地方居民形容過去戰地金門飽受地雷夢魘、重重限制的無奈。雖然地區軍管解嚴多年，海岸也開放了，但昔日因兩岸敵對情勢而布下的岸際地雷，卻成了金門發展觀光、提升經濟的一大隱憂。

李縣長主張「把金門明天還給金門人自己」，強調金門人要面對新時代和新挑戰，不應再當別人的附庸和扮演工具性角色，中央也應以同理心體會金門人心聲，給予更多的照顧和政策挹注，讓金門更往前發展。其一再強調要「讓兩岸認識金門，讓金門行走向世界」，金門是兩岸友誼的橋樑，不是兩岸爭戰的沙場，掌握區位優勢，建構金門成為和平經濟特區。

「小三通臺商權益促進會」劉庭祥理事長曾指出，金門景觀據點應發揮觀光價值，打造地方產業特色和優勢，其主張將金門開發成國際休閒島嶼的觀光彩蝶，成為臺商進軍大陸橋頭堡，積極規劃推動養生村，是金門未來發展可以努力的方向，並應在兩岸微妙關係中扮演和發揮重要優勢角色，明確勾勒出金門未來發展的藍圖。

願景定位，藍海策略

金門雖然在「小三通」試辦後幾年沒有得到實質的利益，但卻是臺商進軍大陸的重要橋頭堡，只要未來金嶝大橋完成，金門就是兩岸和平的示範站。學者建言，金門縣政府應加速成立「二〇一五金門願景規劃小組」，及時瞭解全球和福建海西未來發展趨勢，以擬定出金門未來發展的藍海策略。其因應策略，包括大陸二〇〇四年提出「海峽西岸經濟區」的建設計畫，為金門與廈門帶來經濟合作的歷史契機。金門經濟發展的當務之急，有賴「小三通」中轉政策的鬆綁，讓人潮帶動錢潮，以繁榮地區經濟。金門與廈門一衣帶水，「小三通」這幾年下來，交流合作發展十分迅速，「金廈生活圈」已隱然成形。金門做為「小三通」的試辦點，在兩岸交流中扮演著橋樑的角色，為推動兩岸永久和平提供了溝通平臺。

觀光島嶼，免稅特區

根據中華綜合發展研究院研究指出，金門地區發展定位方面，應朝建構國際觀光島嶼城市、發展免稅自由貿易特區、活用豐富人文觀光資源、加強推動服務產業、以優越的地理戰略位置以營造成為兩岸人員中轉中心。目前經建會已將金門定位為國際休閒島嶼，今後金門要強化旅遊島的競爭力，最理想的人口是三十萬人，始具有國際旅遊城市的服務功能。

此外有關「小三通」後續推動重點項目，二〇〇六年縣政府已擬訂大陸居民入出金門旅遊自治條例；爭取開放第一類大陸人士來臺，爭取可經由廈門—金門—臺灣通道；爭取大陸人士簽證直接在陸委會金門辦公室發證；利用「小三通」試航點推動金門—漳州通航。

而二〇〇七年的「小三通」後續推動重點上，將透過國際包機形式，突破金門直航空運；研擬自由貿易港區先期規劃；爭取修訂「離島建設條例」將人貨中轉開放限制，排除人流、物流、資訊流、資金流障礙；以爭取臺灣赴大陸人士可經由臺灣—金門—廈門。

通航七年，充滿挑戰

新世紀以來，金馬處在一個充滿挑戰與多元選擇的歷史時刻。駐軍大量裁撤，民生經濟受到衝擊，面臨經濟環境必須轉型的考驗；「小三通」啟航七年來，為褪去戰地色彩的島鄉，注入了活絡經濟的一股細流；在兩岸關係中扮演角色的轉換，為兩岸和平發展提供了溝通平臺；全球化浪潮，讓金馬有機會與世界接軌，具備邁向國際觀光休閒島嶼的動能。但是，由於內外因素的限制，金馬要永續發展，仍有賴政府與民間共同努力。

追求兩岸和平、互惠雙贏和共創繁榮，讓兩岸不要再有戰爭，過去戰地的金門，有許多戰役的軍事遺跡，這些都是金門珍貴的觀光資產，應該好好的保存下來，並活化利用，將戰地空置碉堡、坑道，改為觀光景點，以吸引兩岸觀光客的興趣。

金馬因地理位置關係，與中國往來聯繫為發展的重要因素，因此，要思考到金馬發展，必須思考「大三通」時代來臨時，如何持續維持金馬繁榮和進步，「大三通」不可能一步到位，在「大三通」之前，應盡量開放「小三通」，如此，兩門和兩馬均有很好關係，對金馬發展非常重要。

開放「大三通」一定也要有相關的配套措施，包括法令修正等問題。開放「大三通」之前，先要擴大「小三通」的適用範圍，讓需要「小三通」的國民都能經由「小三通」中轉大陸，使「小三通」有更好的發展機會。

總之，金馬地區的觀光發展，長期以來成效不彰，是有其先天環境因素的限制，亦有其後天經營無力的瓶頸問題，近年來，在「離島建設條例」與「小三通」試驗方案的催化下，雖已有初步的改善成果，監察院二度糾正案的核心問題，均直指「小三通」未能落實離島建設的目標，確屬重視離島經濟發展權益的表現。

第十三章

兩岸政策比一比

一、實施七年來的回顧

兩岸關係開放二十年來，我們看到兩岸的民間交流是一個逐步演變發展的過程，剛開始是基於親情人道的考量，開放榮民老兵赴大陸探親，跟後來多方位的開放政策，是大不相同，兩岸的交流發展涵蓋了社會各個層面，包括觀光旅遊、經貿投資、學術文化交流等，不難發現交流模式已從單一層面發展成多元面向，因此牽涉到協商議題，已相當繁複。

國家領導人需要政治智慧，兩岸關係的推動更需要政治智慧，連熊貓要不要來臺都需要政治智慧。面對兩岸關係的詭譎多變，事務性協商似已無法滿足目前時勢的變化，政治談判一直是中共政策的主調，臺灣在無可迴避的情況下，雖然一直使用「協商」來代替「談判」，實際的情形像是運用「對談溝通」、「交換意見」或「建設性對話」來抗衡中共政治面促談的壓力。

兩岸關係既非單純經濟問題，也非純粹的政治問題。長遠以來，兩岸經貿關係的提升，明顯有賴於政治關係的改善。現階段兩岸經貿關係的發展，已提供改善政治關係的基礎。無論是「小三通」通航議題或是兩岸關係的有效解決，完全取決於雙方決策當局的政治智慧。

和平穩定，諮商機制

最近幾年來，兩岸關係中的重大議題，大都是集中在安全的議題，例如臺商的人身安全、偷渡客遣返，也曾受到兩岸政府高度的關注。事實上，兩岸間的交流，是兩岸彼此公權力的接觸、相互溝通甚至是合作方案，包括兩岸合作打擊犯罪或是推動人道的救援機制等。

此外為避免軍事誤判及擦槍走火，兩岸應共同商討劃定軍事緩衝區。雙方機、艦非必要不得進入該區域，若必須進入應事先知會。此外應就海洋資源開發、海洋污染防治、海上走私、海上安全等海事合作事宜，進行兩岸合作協商，並尋求建立海上事件諮商機制，進而建立臺海軍事安全諮商機制，以逐步形成「海峽行為準則」。

隨著兩岸關係日漸改善，金馬駐軍已大量撤離，未來金馬只有依賴兩岸觀光客的消費力，或擴大「小三通」，讓臺灣地區人民憑身分證即可經由金馬「中轉」往來於兩岸，唯有更多的消費人潮，才能帶來金馬地區商機，增加離島就業機會；特別是大陸有十三億人口，近年來因經濟大幅改善，外匯存底高居世界第一，大陸同胞到境外旅遊風氣日盛，無論是開放大陸觀光客來臺或就近到金馬地區觀光，已成為現階段「小三通」方案執行成敗的關鍵性議題。

實質移民，異化融合

臺灣是一個移墾社會，由各種不同族群組成，一般而言，可以區分為「客家人」、「閩南人」、「原住民」以及近年來因通婚而移入臺灣的外籍配偶、中國配偶等「新移民」，共五大族群。

族群是具有共同來源，或共同祖先、共同文化或語言的群體，是一種相對認同的概念。由於移入時間先後不同，所取得主客觀的經濟、社會和文化地位也不同，致使族群間的界線愈加明顯。

在臺灣內部，隨著兩岸關係在文化、經濟、社會上的交流逐年增加，大陸人民藉著通婚、訪問、旅遊、就業、探親等管道在臺灣居留的人數越來越多。這些新移民有的漸漸合法取得身分，享有合法的居留權、工作權。

此外是長年在大陸經商、居住、甚至取得中華人民共和國國民身分的臺商，他們的子女長期在大陸成長，雖然仍保有中華民國國民身分，但是其在大陸的生活經驗與認同，可能要比在臺灣的生活經驗多，這兩代中國大陸化的臺灣人將形成另一種亞族群，因此兩岸人民密切往來交流結果，將異化臺灣的族群融合。

在二〇〇七年十月二十五日一項「小三通試辦六週年研討會」上，李炷烽縣長在專題報告中指出金門「小三通」對地方政府來說猶如雞肋，「食之無味、棄之可惜」，從二〇〇〇年三月通過的法令，由於適值政權輪替、青黃不接時被通過後公布，直到二〇〇一年一月才展開破冰之旅，所謂「通」是有來有往、有去有回，現在大陸還有許多金門鄉親滯留在大陸半世紀，迄今仍然無法順利返回故鄉。

兩岸移民，影響深遠

近幾年來，也有愈來愈多的臺灣人移居大陸，或投資、或就業、或升學，從過去的隻身渡海，到舉家遷移。以陸委會的統計數據分析，從開放探親到二〇〇七年六月三十日，臺灣地區人民前往大陸地區的人次，共計四、四四七、六六五人次。大陸人民來臺灣地區的入境人次，共計一、七八五、二三〇人次。在此期間來臺定居人數，共有三四六、七三〇人。其中大陸配偶合計二九四、五二二人。

表四　「小三通」發展歷程一覽表

年代	主要內容
一九九二年	三月，福建省委書記陳光毅提出「兩門對開；兩馬先行」的「小三通」構想。
一九九四年	一月，大陸片面實施「關於對臺灣地區小額貿易的管理辦法」；六月，「金馬愛鄉聯盟」提出「金馬與大陸小三通說帖」。
一九九七年	四月十九日，進行高雄與福州、廈門間的「不通關、不入境」的境外通航。
二〇〇〇年	三月二十一日，通過「離島建設條例」第十八條俗稱「小三通條款」；四月五日「離島建設條例」第十八條公布實行；十二月十三日，通過「試辦金門馬祖與大陸地區通航實施辦法」。
二〇〇一年	一月一日，金馬開始實施「小三通」，必須在金門設籍六個月以上，才能「團進團出」前往大陸。同年修法擴大到福建臺商、員工與設籍金馬的臺灣眷屬。
二〇〇四年	擴大適用對象，包括福建以外的臺商、福建籍的榮民和眷屬及澎湖的中國配偶，從事和「小三通」有關的企業負責人等，都可經由「小三通」前往大陸地區。
二〇〇五年	五月一日，擴大適用對象。六月，新闢金門—泉州航線。
二〇〇六年	從二〇〇一年「小三通」首航至二〇〇六年底，累計進出港旅客達一百九十萬人次，平均每年成長九二・三%。
二〇〇七年	從一月至十月底，累計進出港旅客達六十六萬人次。

上述的移民，有可能對臺灣家庭及社會結構產生深遠的影響。包括對臺灣本身生活消費型態的影響，對於臺灣社會福利就業的影響，以及對於臺灣內部認同的影響等。

由於上述多重因素的交叉影響，現階段國家認同問題不僅分歧複雜，加上兩岸實質移民人數的增加，也讓兩岸關係的協商處理增加其困難度，直接地也影響到「小三通」政策方案的推動，此可從「小三通」發展歷程一覽表中得到部分印證。

二、新大陸崛起

目前大陸將「海西計畫」列入「十一五」計畫之中，已對臺商產生「群聚效應」，不僅吸引電子、石化、機械產業等爭相投資設廠外，甚至，連臺灣高科技的光電、軟體科技、生物醫藥，也有「大廠出走、小廠跟進」的現象，相繼悄悄來到與金門只有一水之隔的翔安區落戶，這種臺商福建投資熱潮，對一水之隔的金馬百姓亦產生同步化的影響，尤其是催化金馬人民前往大陸置產的行動，更加風起雲湧，其間馬祖人喜歡到福州市購買店面，金門人則到廈門市買住宅房。

截至二〇〇五年底，根據媒體報導每四家在福建投資的外商，就有一家是臺商。而臺灣到福建投資家數達八、四六三家企業，實際投資金額已高達一百零九億美元。其中臺灣前一百大的企業，約有三十七家在福建投資，投資金額在一億美元以上的臺商，約有十五家。

海西計畫，戰略構想

二〇〇五年十一月，北京正式批准，由現任福建省委書記盧展工所提出的「海峽西岸經濟區」的建設綱要，並納入中國第十一個五年計畫。未來五年內，含已動工項目，總投資額達二、七〇〇億人民幣，相當於一・一兆臺幣，約是臺灣一年國內生產毛額的十%。這個戰略構想要把福建擴大三倍，涵蓋範圍北從浙江溫州，南到廣東汕頭，人口約一億。首先導入大量基礎建設，包括貫穿全省的南北向高速鐵路、四條東西向高速公路以及四大港群等。

隨著「海峽西岸經濟區」的提出，要建設二縱四橫，打破群山斷腹地的局限；泉州市將發展後渚港、秀涂港、斗尾港等三大港群，容納三十萬噸輪船停靠。列入中國「十一五」計畫、預計要在二〇一〇年前完成的海西計畫。

早在一九九九年，前任福建省黨委書記陳明義就已經提出「海峽西岸繁榮帶」，當時只有針對福州、莆田、泉州、廈門等，提供點狀串連成帶狀的說法，並沒有要往內陸發展，也沒有想到北上浙江、南到廣東汕頭。現在的海西計畫，不僅擴大到鄰近省分，連臺灣也被納入成為重要戰略合作夥伴。向西（大陸內地）吸取勞力、資源和腹地；向東（臺灣）借取資金、技術、管理、營銷、設計等生產要素，形成左右分工互補。

棄婦翻身，五緣六求

福建過去由於腹地受限、基礎建設不足、兩岸軍事對峙，加上全省人口只有三千五百萬，面對南方有二億人口的珠江三角洲、北邊有四億人口的長江三角洲，猶如「棄婦」一般。如今，棄婦翻身的機會終於來了。由於二〇〇一年開放金馬「小三通」，兩岸和平氣氛日濃，數十年來籠罩在福建的軍事枷鎖也逐漸得到鬆綁。

根據陸委會研究指出，中共對臺政策仍延續既有方針與軟硬兩手策略，寓含極高的對臺統戰意圖，有意藉「海西計畫」建構「對臺工作新平臺」，發揮對臺「經濟虹吸」效果，企圖把兩岸經貿框架香港化。中共似乎有藉閩臺間「五緣六求」，其中「五緣」是指地緣、血緣、文緣、商緣、法緣；「六求」是指求緊密經貿往來、求兩岸直接三通、求旅遊雙向對接、求農業全面合作、求文化深入交流以及求載體平臺建設，強化福建對臺工作的任務與角色。

大陸崛起，拉近金馬

根據香港《文匯報》與福州媒體報導數據顯示，九十%的馬祖民眾生活必需品是從福州輸入，八十%以上的馬祖鄉親到過福州，八十%的馬祖人在福州置有房地產。這也為兩馬開放交流以來，最具突破性的投資改變。

自「小三通」開放後，金門人投資廈門的房地產市場，成為一向作風保守金門人的投資管道。以二〇〇五年底廈門市政府非正式的統計數據，金門人在廈門至少購置有四千套以上的房地產，以每套新臺幣二百五十萬元計算，金門地區至少有超過新臺幣一百億元的資金，已流往廈門置產及投資，由於金馬居民實質性到大陸投資房地產，更加速拉近金馬民眾與大陸經貿往來的關係。

目前金門地區會造成戶籍上幽靈人口的現象，其實與「小三通」資格限制有密切關係，因為初期有在金門設籍六個月以上即可經由「小三通」前往大陸，有此一規定，讓不少來往兩岸臺商紛紛設法將戶籍遷移至金門。另一個重要因素，則是金門地區有全國最優惠的老人津貼與婦女福利制度，亦是近年來金門戶籍人口數大幅成長的主要原因。根據戶政單位統計，為「小三通」因素而設籍的人口數，已佔全縣五分之一。

目前對岸廈門和平碼頭已不敷使用，已另闢「五通碼頭」，距離金門只有二十分鐘的航程，距離廈門「高崎國際機場」只有七公里，約十分鐘的車程，更方便轉機前往大陸其他城市，因此，可以預見將會吸引更多臺商走「小三通」。臺商紛紛西進尋求商機，依據保守估計，目前旅居大陸臺商超過一百萬人，且泰半有親人或子女留在臺灣，必須像「候鳥」一般飛來飛去，除了經港、澳之外，走金馬「小三通」，既便捷又省錢，已成為臺商省錢省時的捷徑。

三、改善的空間

在累積多年「小三通」實施經驗後，陸委會針對相關政策及執行方式進行通盤檢討，初步結論認為：「小三通」安全管理層面在近兩年強化「積極管理、有效開放」的觀念及機制後，已獲得大幅改善；「小三通」政策在兩岸未能有效協商，擴大開放的空間十分有限，陸委會本身亦承認執行層面仍有很大的改善空間。

二〇〇七年度陸委會的施政目標與重點，仍然強調兩岸經貿「積極管理、有效開放」政策；持續推動貨客運包機、大陸人士來臺觀光與臺灣農產品輸銷大陸等協商優先議題，並依協商結果落實推動相關政策措施；循序放寬大陸經貿及產業人士來臺限制；循序推動兩岸金融往來；持續推動兩岸「直航」後續工作；持續辦理「小三通」相關政策措施；增進臺商服務，加強聯繫輔導等。

大陸早在三年前首屆兩岸經貿論壇中即承諾「正式認可臺灣教育主管部門核准的臺灣高等學校學歷」，二〇〇七年五月二十三日第三屆兩岸經貿文化論壇於北京召開時，與會學生更把一首八〇年代的臺灣順口溜，改成「來來來，來臺大；去去去，去大陸。」因此有關兩岸學歷的承認，將會是政府無可迴避的問題。

二〇〇〇年陳水扁競選總統時曾針對金門發展，提出六項主張：「三通」從金門開始、建立金門免稅區、金門不撤軍、金門升格為特別行政區、關建金門國際機場以及建立跨海大橋等。

現在看來，除「小三通」和水頭碼頭免稅商店已實現外，其他真正嘉惠金馬的重大建設，仍然付諸闕如，也因此金門民眾普遍認為，開放「小三通」只是陳總統舒緩「大三通」壓力的權宜之計，每年超過六十萬人次的臺商客運量，只是圖利航空公司，金馬人民實質獲得的經濟效益並不大。

中央部會，檢討報告

政府自二〇〇一年一月一日在金馬試辦「小三通」以來，本著循序漸進原則推動，七年來逐步檢討調整相關政策，讓「小三通」規模日益擴大，不僅提供金馬民眾生活方便，也為臺灣民眾提供往來大陸地區的便捷管道。截至二〇〇六年十一月，經「小三通」人員往來累計一百八十四萬一千二百人次（入出境合計），進出口貨物累計金額十四億一千六百餘萬元，船舶往來一萬三千四百航次，各個層面交流日益頻繁。

但是「小三通」執行七年來，因為兩岸之間無法進行有效協商，若干瓶頸無法突破，因而導致部分問題持續存在，包括雙方人員往來去多來少，貨物進出無法正常化，且來多去少，從而讓「小三通」對金馬地區的經濟效益，大打折扣。

此外有關澎湖「小三通」執行部分，現行政策法規已准許澎湖試辦專案通航，迄二〇〇六年只核准四件申請案，包括二〇〇二年七月專案許可澎湖辦理馬公與泉州的宗教通航活動；二〇〇五年九月澎湖中小企業協會專案商業通航案；二〇〇六年六月澎湖縣工商發展投資策進會辦理「首屆澎湖國際化妝品、家庭用品禮品暨兩岸優良家庭用品禮品展銷會」；及二〇〇六年十月澎湖縣文化基金會邀請福建泉州文化訪問團至澎湖參加「兩岸文化交流週」等。

縣政需求，調查發現

二〇〇七年七月間，金門縣政府針對「縣政需求民意調查」，這次調查的相關統計結果如下：六六・三％贊成設立特別行政區，九・六％不贊成，二四・一％無意見或不知道。四一・二％贊成博弈產業，五十・八％不贊成，八％無意見或不知道。八三・九％贊成興建金廈或金嶝大橋，十・八％不贊成，五・三％無意見或不知道。六五・一％贊成自大陸接水電，二四・

八％不贊成，十・一％無意見或不知道。四一・五％贊成一國兩制試驗區，三四・三％不贊成，二四・二％無意見或不知道。八七％贊成開闢金廈就醫或緊急救護，八・八％不贊成，四・二％無意見或不知道。五十・九％滿意「小三通」政策滿意度，三九・九％不滿意，九・二％無意見或不知道。五八・一％贊成非軍事區，三四・三％不贊成，七・六％無意見或不知道。

優先推動政策依序分別為建金廈或金嶝大橋二五・五％、大陸就醫與緊急救援十九・三％、博弈產業十一・一％。

針對此次民意反映，縣長李炷烽強調，金門不應和臺灣一樣走「鎖國」路線，應以地理區位的方便性和優勢，來看待「小三通」的發展，以讓金廈生活共同圈理想早日達成。其中民意需求最高者是開闢金廈就醫或緊急救護與興建金廈或金嶝大橋二項。

福建省府，建議鬆綁

福建省政府於二〇〇六年十二月底召開年終檢討會，主席顏忠誠特別於會中提出十餘項具體的建議，期待「小三通」兩岸政策能夠大幅鬆綁。包括：

㈠政策：「試辦金門馬祖與大陸地區通航實施辦法」已邁入第七年，人員及貨物往來，已步上正軌，目前穩定發展，建請取消「試辦」兩字，並正式制定「小三通施行條例」，以符合民眾的期待。建請修訂「小三通」政策，開放臺灣地區民眾往來兩岸，凡持有中華民國護照的國民，均比照港澳模式開放人員、貨物可經由金馬「小三通」中轉，以帶動發展生機。

㈡經濟：原物料進口，核准輸入金馬的大陸商品雖品項繁多，但申請輸入者寡，且品項侷限砂、石、建材，其主因在稅費負擔與進口程序不便，未能發揮「引進大陸價廉原物料，帶動離島產業發展」的政策目標，請檢討優免稅費及簡化通關作業，俾利工商發展。推動大陸地區小額小量農、漁、畜產品，在「免課徵關稅」、「簡化檢驗、檢疫程序」及「減免行政規費」的作業，進口金馬市場，以消弭非法走私，防杜疫情引入的危機。輸出大陸貨品不再侷限福建臺商生產所需原物料，應以切合大陸臺商需求，較能符合物品經濟效益，並增進貨物流通，減少金門至大陸海運回程空載現象。放寬自金馬地區郵寄或攜帶進入臺灣本島或澎湖的大陸物品（含農產品）限量規定，以增進金馬觀光資源。

㈢資格：祖籍金馬的華僑及其親屬准其經金馬「小三通」進出臺灣與大陸地區，藉以爭取僑界向心，提升國際形象。全面開放大陸人士入臺觀光或專案活動得經由金馬入出，並簡化手續，縮短申請時程。外籍人士來臺旅遊，准其適用「小三通」往返大陸或臺灣。

㈣事務：建議修正「兩岸人民關係條例」，能就事務性議題，請適切授權地方政府協商，以增進兩岸交流與發展。請規劃兩岸郵件與快遞服務經金馬轉運大陸、臺灣，以縮短投遞時間，降低成本，滿足兩岸客戶需求。對金馬地區民眾申請臺灣地區三年多次出入境大陸證件，能比照申請一次出入境大陸證件，由內政部入出國及移民署金門縣服務站核發或郵寄送達，以簡化流程。

此外，福建省顏忠誠主席曾於二〇〇六年度歲末檢討會中，亦正式提出金馬三大希望工程的願景，實屬金馬人民共同的心聲與願景。包括終止「金馬小三通實驗」正式制定「小三通實施條例」並付之實施，使金馬成為兩岸人貨中轉的平臺，以符實際。實施「金馬經濟行政特區」，制定特別法，撤離軍隊，成為非軍事區，引進陸勞、陸資，加速建設，使金馬成為國家的櫥窗，兩岸和平的試驗區。構建金廈及金嶝大橋，使金廈成為雙子星城市，讓金門朝向高級住宅區，頂級教育、優質醫療的服務業發展，成為生態旅遊休閒的海上樂園。

總之，「小三通」推動七年來，比較中央政府的作為與福建省政府的建言尺度，明顯發現中央的決策尺度，嚴重背離了金馬地方民意，連政府間的見解亦出現非常大的落差。臺灣工商界長期以來則表示：「要直航、要開放（大陸投資）四十%上限、要外勞、要兩岸穩定。」這與現階段政府兩岸政策的實際作為，亦有其距離。

第十四章

和平曙光再現

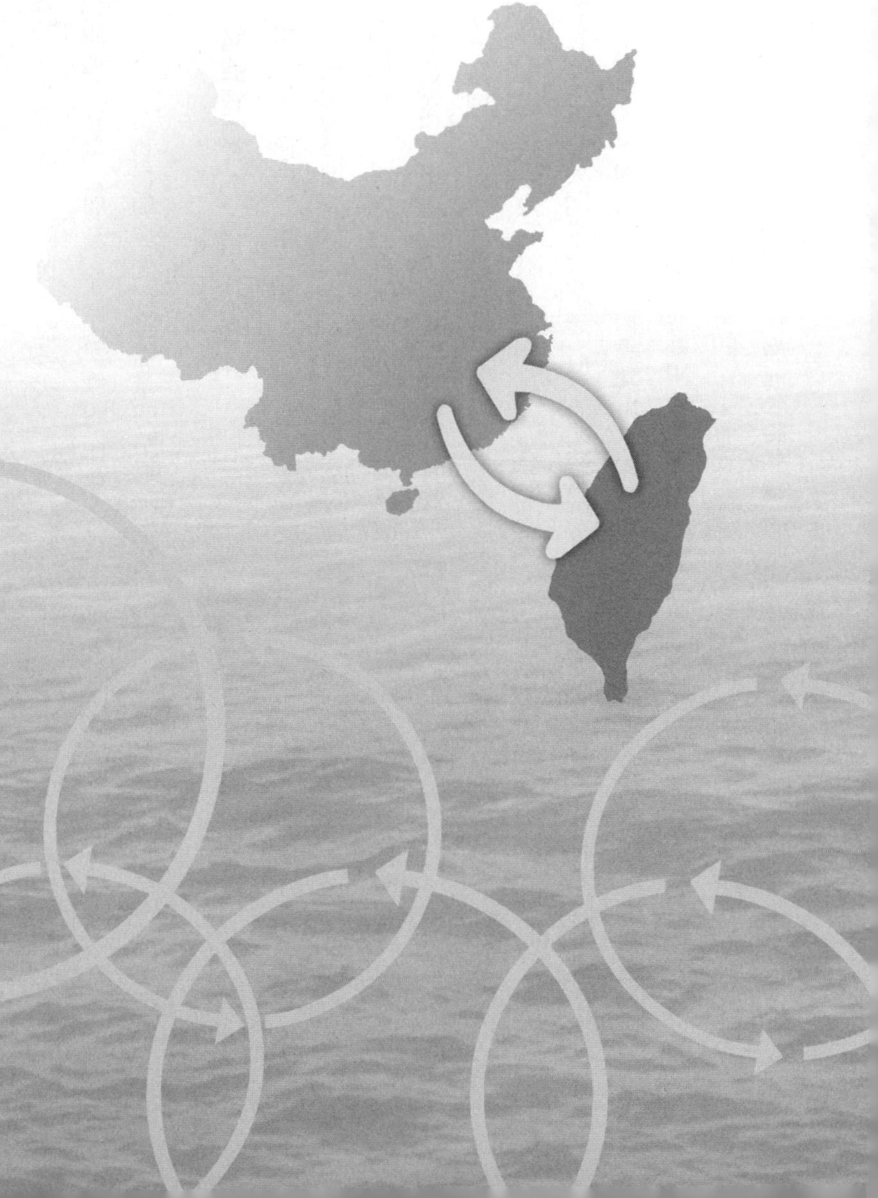

一、先行蹄聲累積經驗

監察院於「小三通」啟航後，曾多次進行地方巡察與深入調查，前後二度對行政院提出糾正案，可以說是一種劍及履及與急民之急的作為，此項義舉不僅拉近中央與地方行政決策的落差，也拉近中央決策官員與民間民意需求的距離，是及時雨，也是順應民意潮流的嘉言善政。

試驗方案，累積經驗

監察院對「小三通」試驗方案，一開始即持高度關切的立場，在政策實施第二年即提出糾正案，執行第三年仍持續追蹤調查，並提出完整的調查報告。反觀被糾正的單位，雖然不時需要為政策立場辯護外，在經過六年時間的追蹤檢討改善，也同步進行相關限制性法規的修正，連行政院陸委會最後都不得不承認，整體執行成效有限的事實。

「小三通」實施的歷史背景，可以說是先天環境不良，後天條件失調，在不良與失調的條件下發展，當然會導致成效有限。該方案實施七年來，始終是處於一種穿「小鞋」的情勢下發展，以致始終無法「開大門走大路」。但並非一無是處，仍然可以歸納出實際執行面的成效。

若以「人盡其才、地盡其利、物盡其用、貨暢其流」四個面向來檢驗「離島建設條例」與「小三通」的整體成效，更清楚發現其中的關鍵。「小三通」自實施以來，並未能真正幫助金馬地區在經建層面達到上述目標，金門在人流、物流功能面臨相當多之限制與障礙，地方建設等發展並無多大改變，但在兩岸關係發展的層面，的確因為「小三通」政策的推動，提升了金馬在國際知名度與區域發展的優勢性。

政策放寬，簡化手續

「小三通」實施七年來，金馬地方輿論大抵傾向「限制過多，成效有限」的評價。這一切的原因，都源於「政策不夠周延與限制過多」。因為，政策背離金馬人民的民生需求，所以，岸邊非法小額貿易一直無法根本解決，政府宣告的「小額貿易除罪化」，亦未能產生預期性的效果。

「小三通」來往兩岸的管道便捷，讓越來越多的國人藉此管道「中轉」於兩岸之間，不論是經商、探親、洽公或旅遊，所衍生問題也日漸複雜。為因應現實政策面的不足，民間旅行業者與臺商掛鉤，開立假造的工作證明，方便民眾申辦出入境證、或借道地利之便，走私民生物資、商品，甚至是大陸居民藉此上岸，非法打工、交易，也成了順勢而為的事。

「小三通」啟航七年來，已累計超過一百八十餘萬人次往來兩岸，但相較於每年仍有四百萬人經港、澳「中轉」，仍然不足以相提並論，問題是出在「小三通」仍屬「試辦」性質，並非全體國人可以一體適用。

二〇〇六年蘇貞昌院長宣布放寬適用對象時，李炷烽縣長即直言：「小幅度的放寬，不符實際需求！如真要放寬，就應簡化手續，走大格局全面開放，不但可方便國人往來兩岸，且肥水不落外人田，更可為金馬帶來發展契機。」

兩岸事務，協商共識

就中共而言，他們長期以來，真正要的是「大三通」，而非「小三通」，「小三通」只是迎合金馬地方民意的渴望，是一種被動性的作為。就我方而言，「小三通」是「離島建設條例」的因應方案，亦是做為發展兩岸關係的實驗性方案，決策者希望能藉「小三通」的推動過程，有效打開兩岸協商談判的管道。因雙方各有其預設的立場，以致開放幅度與具體成效仍然有限。

「小三通」所涉及的兩岸事務本來就相當的複雜，舉凡經貿往來、邊防檢疫、醫療資源、治安維護、緊急救護等，甚至牽涉到政治層面的協商，每個單項事務都必須有周全的規劃，而且也不是單方面決定就可以執行，常常是需要雙方協商有共識後，才能進行。

「小三通」是兩岸關係發展中的階段性劇本，金馬地方政府可以著力的角色有限，因此無論就地方政府或民意而言，其滿意度均不高。對於目前「小三通」的進展，金門縣議長謝宜璋形容金門仍然是一塊璞玉。縣長李炷烽則認為金門是一顆精鑽，只是沒有打開而已，只要中央給政策，金門一定可以很快發展起來。

總之，兩岸「小三通」的實驗性方案，是現階段發展兩岸關係最直接的著力點，其推動實施過程與累積的協商經驗，絕對有利於今後建構兩岸協商談判的機制，理應即時擴大實施範圍，繼續放寬相關規定，以擴大其實施成效，以實質的政策利益嘉惠全體國人與金馬百姓。

二、絲路交流締造契機

兩岸關係一直牽動亞太區域的情勢發展，乃至世界強權的策略布局與全球性的安全。兩岸關係亦持續在發展、變動中，包括經歷冷戰時期、開放改革以及目前的中國崛起。臺灣亦經歷經濟成長、政治民主化以及現階段主體性、本土化，正名制憲與獨立運動的推展，在在都會牽動兩岸關係的和諧。

由於兩岸政治意識形態的分歧，造成兩岸關係已成為全球注目的政治焦點。同期間，雖然國際政治中多數國家從承認中華民國政府轉向承認中華人民共和國政府，但中華民國有效統治臺灣、中華人民共和國統治權從未及於臺、澎、金、馬的事實並未改變，臺灣的政治定位問題及其解決之道，仍然是兩岸關係及國際政治上的重大課題。

實質移民，質變量變

無論從金馬地區的需求，或是中華民國國家發展的願景，或是中國崛起的角度而言，兩岸和諧關係的發展，均需要借鏡「小三通」的優質經驗。監察院基於國家整體利益的考量，重視人民權益的落實，已充分發揮其監督職責與角色。

在近三十年來兩岸關係的發展，有其質變與量變的變化。質變的層面是兩岸生活水平的拉近，人民相互間的瞭解以及實質移民關係的加強。量變的層面從臺商投資設廠到兩岸旅遊往來以及各層面交流活動的頻繁。量變屬於表象的現象，而質變則是心理層面與實質層面的變化。

囚徒困境，因勢利導

由於兩岸決策過程有意識形態的落差，使兩岸發展常陷於「囚徒困境」的難局。同時缺少有效的溝通管道，對於對方的真正意圖，常常無法準確解讀，甚至從負面的角度解讀彼此的動機，因此更加劇了雙方的不信任感。要有效解決這種困局，唯一的方法便是兩岸建立穩定互動的溝通協商平臺。

從兩岸關係的發展多面向而言，要建構和平穩定的互動架構，至少要包含：管理雙邊關係的基本原則、經濟貿易往來、預防軍事衝突措施、協商機制、以及建立可能的政治關係，均需要雙方決策當局因勢利導來促進。

現任海基會洪奇昌董事長於二〇〇七年十月間在媒體上指出，兩岸的關係不管是「大三通」或「小三通」，必須在主權、平等、和平、對等的原則下來求發展，金門的歷史過去是戰地政務時代，未來的金門如果兩岸無法達到相互承認建立正常關係，金門就慘了，所以金門能否透過一個和平的機制，建立起兩岸和平穩定的架構，才有利於兩岸走向真正的和平。

新的思維，締造契機

二十一世紀不僅是臺灣全面向上提升的關鍵期，也是中國邁向民主化的機遇期，雙方的政府應該掌握最佳的發展機會，放眼於全球化的趨勢，不要再虛耗於意識形態的僵局中。唯有兩岸各自致力於建設，協商建立一個和平穩定的互動架構，共同確保臺海的現狀不被片面改變，並且進一步推動互利互惠的交流，才能真正符合兩岸人民的福祉。

兩岸關係是經濟發展的根本關鍵，當前要務是改善兩岸關係，建立和平共存的條件，加速政策鬆綁和開放，讓中國市場成為臺灣經濟發展的腹地。

金馬百姓基於特殊的地緣位置與歷史經驗，是否能為陷入僵局的兩岸關係提供一個新的思維角度，實關係到兩岸真正的和平與繁榮。站在金馬的歷史坐標上，所有的決策作為，不應該是在拉大兩岸的交流距離，而是在縮短兩岸協商的效率；從北京到臺北的最短距離，也絕不是繞道華盛頓或莫斯科，而是經由金馬，金馬的人口幅員雖小，但其在兩岸間的優勢能量，卻不容國人妄自菲薄，金馬有良好的條件成為改善兩岸關係的起點，而「小三通」政策的推動成敗，就是最重要的檢驗點。衷心期盼「小三通」政策能為兩岸開創和平契機與曙光。

《附錄一》

「小三通」大事紀要（一九九一年～二○○七年）

日期	大事紀要
一九九一年一月	陸委會成立，成為統籌處理大陸事務的法定機關。
一九九一年十二月	中共發布「中國公民往來臺灣地區管理辦法」。
一九九二年九月	「兩岸人民關係條例暨施行細則」開始施行。
一九九二年十一月	金門、馬祖解除戰地政務，回歸地方自治。
一九九三年二月	「金門馬祖地區開放觀光辦法」發布，正式開放金馬觀光。
一九九四年七月	陸委會公布首部大陸政策白皮書「臺海兩岸關係說明書」。
一九九六年八月	中共發布「臺灣海峽兩岸間航運管理辦法」。
一九九八年九月	中共在大嶝設立對臺小額商品交易市場。
一九九九年二月	海基會與大陸紅十字會人員在金門簽署「交接書」。
一九九二年三月	立法院三讀通過「離島建設條例」。
二○○一年一月	「小三通」正式啟航。
二○○一年三月	監察院地方巡察小組實地赴金門巡察。
二○○一年五月	監察院內政及少數民族委員會實地赴金門巡察。

二〇〇一年八月	監察院地方巡察小組實地赴馬祖巡察。
二〇〇一年九月	監察院第三屆第六十二次會議決議：請林鉅鋃、李友吉、林將財、趙昌平及廖健男等五位委員組成專案小組，進行全面調查。
二〇〇一年十二月	監察院專案小組以「如何落實小三通執行成效」為題，舉辦諮詢會議。
二〇〇二年一月	監察院專案小組委員與馬祖地區民意代表、民間社團及相關業者代表舉行座談會。
二〇〇二年二月	監察院專案小組委員巡察馬祖福澳港。
二〇〇二年二月	監察院由召集委員林鉅鋃率領的專案小組赴金門了解「小三通」實施一年的情形，並要求陸委會對「小三通」目前的開放情況進行檢討與改善。
二〇〇二年五月	監察院「小三通執行績效專案小組」赴金門舉行座談會。
二〇〇二年 六月	行政院通過陸委會大幅修正有關「小三通」政策開放範圍。
二〇〇二年六月	監察院地方巡察小組實地赴馬祖巡察。
二〇〇二年九月	監察院就已試辦一年多的「小三通」政策向行政院提出糾正案。
二〇〇三年三月	陸委會發布即日起關閉馬祖「小三通」往來，金門則視大陸SARS疫情再決定。
二〇〇三年七月	陸委會同意恢復兩門、兩馬「小三通」直航。
二〇〇三年十二月	入出境管理局開始對赴臺大陸配偶實施全面面談制度。
二〇〇四年一月	大陸旅行團首次抵金門觀光。
二〇〇四年一月	陸委會宣布「小三通」九大調整措施。

二〇〇四年八月	監察院李伸一、趙榮耀於八二三砲戰週年紀念，實地走訪「小三通」路線巡察。
二〇〇四年十二月	三個大陸福建旅行團首次以觀光名義直航到金門旅遊，「小三通」開始邁入新的里程碑。
二〇〇五年一月	由監察院李伸一、趙榮耀提「小三通」糾正案。
二〇〇五年九月	行政院宣布開放金門、馬祖兌換人民幣。
二〇〇六年五月	內政部警政署修正「試辦金門馬祖與大陸地區通航人員入出境作業規定」。自五月一日起，金馬旅臺鄉親「不必組團」，得往返「小三通」自由行。
二〇〇六年六月	福建泉州石井港開通至澎湖馬公港的貨運航線，並舉行首航儀式，這也是大陸貨運首次直航澎湖。
二〇〇六年十二月	行政院陸委會發布「小三通」檢討與改進方向。
二〇〇七年四月	行政院令：修正「試辦金門馬祖與大陸地區通航實施辦法」第十條部分條文：在金門、馬祖及澎湖設有戶籍六個月以上之臺灣地區人民，得向內政部入出國及移民署在
	金門、馬祖、澎湖所設服務站申請許可核發入出境許可證，經查驗後由金門、馬祖入出大陸地區。
二〇〇七年五月	內政部警政署入出境管理局修正「試辦金門馬祖與大陸地區通航實施辦法」。
二〇〇七年十二月	立法院通過開放金門、馬祖、澎湖等離島購物免稅的「離島建設條例增訂第十條之一修正案」。

《附錄二》

「小三通」旅客往來須知

一、現行航線概況

㈠福州馬尾港：自馬祖福澳港至福州馬尾港航程全程約為三十三海浬，航行時間約為九十分鐘。

㈡泉州石井港：水頭港經金烈水道至大陸泉州石井碼頭，航程全程約為二十二海浬，航行時間約為七十分鐘。

㈢廈門和平碼頭：現有金門至廈門航線旅客進出大陸港口，東渡碼頭完工後將由東渡碼頭取代，航行時間約為五十五分鐘。

㈣廈門東渡碼頭：二〇〇五年九月動工，預計近期完工，營運後將取代和平碼頭。

㈤廈門五通碼頭：二〇〇六年八月動工，預計於近期完工。金門水頭碼頭至五通碼頭距離八海浬，啟用後廈門到金門的航程，可由目前一個小時縮短為二十分鐘，五通碼頭未來將與高崎機場結合成一動線，規劃「無縫隙對接」作業模式，由金門水頭抵達五通碼頭後轉乘專車前往高崎機場，搭乘大陸國內航線連接大陸各大都市。

二、適用對象與應備文件

㈠「小三通」適用對象：

1.經經濟部許可在大陸地區投資之事業，其負責人與所聘僱員工，及其配偶、直系血親。

2.在大陸地區投資事業負責人及所聘僱員工之子女，或為外商在大陸地區所聘僱臺籍員工之子女，於金門、馬祖就學者，及其直系血親。

3.在大陸地區出生或籍貫為大陸地區之榮民。

4.在金門、馬祖出生或於八九年十二月三十一日以前曾在金門、馬祖設有戶籍之臺灣地區人民。

5.與前項或前款人民同行之配偶、直系親屬、二親等旁系血親及其配偶、未成年子女；或與第三款人民同行之配偶、直系親屬及二親等旁系血親。

6.與在大陸地區福建設有戶籍大陸配偶同行之臺灣地區配偶或子女；該大陸配偶經申請定居取得臺灣地區人民身分者，其同行之臺灣地區配偶或子女，亦同。

㈡一般人應備文件：

1.經金門馬祖由澎湖進入大陸地區入出境申請書：（附最近三個月內，二吋、半身、正面脫帽照片一張）（在金門、馬祖申請核發需照片二張）。

2.國民身分證正本（驗畢退還），年齡在十四歲以下未領身分證者免附。

3.國民身分證影本（貼於申請書上），年齡在十四歲以下未領身分證者，附戶口名簿正、影本。

三、航班時間與注意事項

(一)金門→廈門（開航時間）

每天航班	○九：○○	○九：三○	一○：三○	一一：三○	一二：三○	一三：三○	一四：一五	一五：一五	一六：一五	一七：○○

(二)廈門→金門（開航時間）

每天航班	○九：○○	○九：三○	一○：三○	一一：三○	一二：三○	一三：三○	一四：一五	一五：一五	一六：一五	一七：○○

金門三艘客輪：新金龍、馬可波羅、東方之星。廈門四艘客輪：捷安、同安、新集美、鼓浪嶼。航班夏冬令略有不同。

(三)金門→石井（開航時間）

每天航班	○九：三○	一五：○○

(四)石井→金門（開航時間）

每天航班	○九：○○	一三：○○

(五)馬祖福澳→馬尾（開航時間）

每天航班	一四：〇〇

(六)福州馬尾→福澳（開航時間）

每天航班	〇九：一五

四、其他應注意事項：

（一）金廈航班截止報到時間為開航前十分鐘截止報到。

（二）廈金航班截止報到時間為開航前二十分鐘。

（三）航班客滿候補時間為開航前四十分鐘。

（四）搭乘旅客最晚請於前一天之前向船公司訂位。

（五）已訂位旅客請於開航前四十分鐘辦妥報到手續，逾時視同棄權。

國家圖書館出版品預行編目資料

先行的蹄聲：小三通　新絲路／張火木著. --
初版. --臺北市：商周編輯顧問，2007.12
面；　　公分

ISBN 978-986-7877-21-5（平裝）

1.兩岸關係　2.兩岸交流　3.兩岸政策

573.09　　96023844

先行的蹄聲——小三通 新絲路

作者／張火木

著作權人／監察院

發行人／商周編輯顧問股份有限公司

出版者／商周編輯顧問股份有限公司

地址／台北市中山區民生東路二段141號7F

電話／02-2505-6789#5510

總編輯／孫碧卿

編輯總監／沈文慈

責任編輯／林淑媛

封面設計／李青滿

內文設計・印刷／鴻柏印刷事業股份有限公司

出版日期／2007年12月　初版一刷

定價350元